옥아!
내한테 침 발라노코 니 어데 간노

옥아! 내한테 침 발라노코 니 어데 간노
옵빠야! 제8탄

초판 1쇄 발행 2025년 12월 10일

지은이 엘튼정
펴낸이 장길수
펴낸곳 지식과감성#
출판등록 제2012-000081호

주소 서울시 금천구 벚꽃로298 대륭포스트타워6차 1212호
전화 070-4651-3730~4
팩스 070-4325-7006
이메일 ksbookup@naver.com
홈페이지 www.knsbookup.com

ISBN 979-11-392-2968-4(03810)
값 17,000원

- 이 책의 판권은 지은이에게 있습니다.
- 이 책 내용의 전부 또는 일부를 재사용하려면 반드시 지은이의 서면 동의를 받아야 합니다.
- 잘못된 책은 구입하신 곳에서 바꾸어 드립니다.

지식과감성#
홈페이지 바로가기

옵빠야! 제8탄

엘튼정의 해학과 시 그리고
개 풀 뜯어 처먹는 소리

옥아!
내한테
침 발라노코
니 어데 간노

엘튼정 시집

2025년 서울 지하철 시 공모전 당선작

갈매기의 꿈
얘들아
배 뜰 시간이다
새우깡 먹으러 가자

작가의 말

세상은 너무 심각하다.
그래서 나는 시를 썼다.
근데 쓰다 보니 나도 심각해지더라.
그래서 그냥 웃겼다.
그게 옵빠야! 제8탄 《옥아! 내한테 침 발라노코 니 어데 간노》
이다.
나는 문학을 공부하지 않았다.
대신 사람을 공부했고, 술을 연구했고, 연애에 수없이 실패하면서 사랑의 논문을 몸으로 썼다.
누군가 내게 물었다.
"이 시는 농담입니까, 진심입니까?"
나는 대답했다.
"농담처럼 쓴 진심이고, 진심처럼 쓴 농담입니다."
이 책은 잘난 시인들을 따라 쓴 시집이 아니다.
그냥, 나 같은 보통 인간이 세상에 던지는 '웃픈 한숨'이다.
내 시를 읽고 웃었으면 좋겠다.
그리고 웃다가 조금이라도 울컥했다면 그건 당신이 아직 살아 있다는 증거다.

- 하버드 대학교 안 나온 엘튼정 올림

차례

작가의 말 • 5

옥아! 내한테 침 발라노코 니 어데 간노 • 10
갈매기의 꿈 • 12
첫사랑의 장례식 • 13
새색시 모집공고 • 15
카사노바의 월중 행사표 • 16
손만 잡게 해돌라꼬 애원하던 옵빠야 • 21
행방불명된 마누라 • 23
쓰레기통에서 주워온 가시나 • 24
재벌남과의 결혼 • 27
상남자를 삼켜버린 바람 • 31
한겨울의 아나콘다 • 33
세계 일주 여행 • 35
울 동네 목욕탕 동기 동창들 • 37
주태백이 딸 금주야 • 39
첫사랑 • 43
빗물 인생 • 44
첫사랑의 제삿날 • 45
크리스마스에 쑥치마토 스키 타고 내려온 친시 • 47
깜빡 잊고 두고 온 모시조개 • 50
로또 여인 • 53
와~ 드디어 마누라가 셋이닷 • 56
고지를 코앞에 두고 헥헥헥~ • 60

내가 버린 100억 • 63

용왕님의 룸싸롱 • 66

노팬티에 날아간 사랑 • 67

300년 만에 환생한 마누라 • 70

할매한테 빼앗긴 남친 • 73

거세될 뻔한 내 거시기 • 77

그녀가 찾아준 돈 보따리 • 80

이 남자가 사는 법 • 83

낙지네 세컨하우스 • 85

10년 고이 간직했던 선물의 부작용 • 87

백 억짜리 아들 만들기 프로젝트 • 89

사랑은 코맹맹이 • 92

가을에 떠난 여인 • 93

꿈꾸는 낙원 • 95

노처녀의 추석 • 96

한여름 밤의 꿈 • 98

술의 미학 • 101

드디어 쌍둥이 아빠가 되다 • 103

미코 출신 흡혈귀 • 104

흔적 • 106

드디어 드디어 드디어… • 107

그대는 나의 교주 • 108

바닷물이 억수로 짠 이유 • 109

그놈이 토꼈다 • 110

도둑맞은 그녀 • 111

아는 언제 만들지… • 112

인연의 덫 • 113

사랑 • 114

얼라 만드는 비법 • 115

봄바람 1 • 116
기다리는 늑대는 오지 앙코 • 117
그 옛날 그때처럼 • 119
나는 그대의 일등 신랑감 • 120
속궁합 • 121
홍시 • 122
썩은 꼬추씨 • 123
동서양의 대결 • 124
현모양처 구함 • 125
봄 키스가 전해 준 이별 • 126
사랑 너 자꾸 그럴래? • 128
인연 • 129
질긴 인연 • 130
죽어서 세계 일주 • 131
배가 고파서 밥 대신 마누라를 먹었더니 배가 더 고프다 • 132
오빠의 구멍 파기 • 133
산속에 쓰러진 과부 • 134
떡집에서 떡 치다가 • 135
목욕하는 옆집 여자 • 136
장독대에서 생긴 일 • 137
바람난 마누라 • 138
경력직 연애 모집 • 139
밤의 철학 • 140
야한 시 읽기 금지 • 141
소주 한 병, 추억 두 병 • 142
조개껍데기 열렸네 • 143
야한 상상 • 144
1억 명의 내 얼라들 불쌍해서 우야꼬 • 145
청상 과붓집 머슴살이 • 148

선술집 • 152
하루 • 153
그리움 한 조각 • 154
봄바람 2 • 155
할머니의 벤츠 • 156
가을 남자 • 157
감나무집 순덕이 누나 • 158
해돋이 갔다가 해 보지도 못하고 • 160
하늘이 준 선물 • 163
마당쇠의 일생 • 165
명품빽의 슬픈 추억 • 167
구봉산 처녀 귀신 • 170
조폭마누라 • 175
주흘산 지지바 • 177
그녀를 떠나보내며 • 179
봄 처녀를 사랑한 장군님 • 181
나도 드디어 기네스북에 오르다 • 183
이쁜이 수술 할라카모 마 울 집으로 오이소~ • 186
가을의 향기 • 188
잠자는 땅속의 미녀 • 190
열여덟 번째 사랑 • 192
11남매를 둔 아줌마와의 사랑 • 194
곱창집 할매 • 197

추천의 글 • 199

옥아! 내한테 침 발라노코 니 어데 간노

옥아!
니 잘 살고 있나~
내 오늘 탁주 한잔에
니가 억수로 보구 싶데이~
언젠가 동네 뒷산에 가가꼬
이바구하다가
쥐 잡아묵은
니 입술이 하도 이뻐가꼬
주딩이 박치기 한번 할라 캐떠이마는
니가 몬 하게 뒤로 떠미는 바람에
내 자빠지믄서
밤송이 위로 굴러가꼬
온몸에 침 맞은 생각이 난데이
그래가 니 미안한 마음에
내 이마에다
꼬치장 묻은 침 바르고
도망가던 뒷모습이
억수로 이삐따 아이가
만난 지 반년 만에 겨우
포옹 한번 할라꼬
니 목덜미 잡았는데
목에서 때 밀리드라

문디 가스나야
목욕 쫌 하구 댕기라
그래도 보구 싶데이~
쌀쌀한 이 겨울밤
흰 눈 내리는 소리와 함께
니 소식 좀 전해도라~

갈매기의 꿈

얘들아!
배 뜰 시간이다

새우깡 먹으러 가자

첫사랑의 장례식

쌀쌀한 초겨울 어느 날
내 그래 못 잊어 하던 첫사랑이
하늘나라로 이민을 갔다꼬
부고장이 온기라

내 부랴부랴 서둘러
장례식장에 가가꼬는
첫사랑 영전에 술 한 잔 따라주고
향불 피워주며
대성통곡하면서 실컷 울고 나서
상주와 맞절을 할라꼬 마주 보는 순간
뒤로 나자빠질 뻔했능기라

아들과 딸이 내하고 똑같이 생겼능 기라

그래 내 직감을 하고
첫사랑 남편에게 다가가
가족끼리 조용히 장례식을 치르고 싶으니 나가달라 캐떠니
그 무신 개 풀 뜯어 처묵는 소리냐 이카능 기라

그래 내 얼굴과 자식들 얼굴을 함 보소, 판박이 아잉교
캐뜨만

내 보고 안경 찾아 쓰고
다시 보라 이 카능기라

그래 내 아까 우느라꼬 향불 옆에 벗어 놓은 안경을 찾아 쓰고
다시 보니
으헉~
즈그들 셋이 판박이네

우짜겐노 삼십육계 줄행랑 하는 수밖에…

첫사랑 춘자야
나중에 저승에서 느그 남편이
내 물어보면
무조건 딱 잡아떼야 칸데이
알그쩨~

새색시 모집공고

나이 아직도 백 살이 안 된 여자
키 하늘보다 낮은 여자
몸무게 몸도 마음도 가벼운 여자
학력 학교를 쳐다본 적 있는 여자
눈 두 눈 시퍼렇게 뜨고 있는 여자
코 콧구멍에 바람 든 여자
입 입이 억수로 싼 여자
귀 귀신 씨나락 까먹는 소리 잘 하는 여자
손 손볼 데가 여기저기 많은 여자
발 발랑 까진 여자
재산 불알 두 쪽도 없는 여자
미모 국가에서 인정하고 주민등록에 여자로 등재해 준 치마
입어본 적 있는 과부 아줌마

연애 유경험자는 우대하며
한 남자로 만족하지 못하는 여자는
특별히 더 우대함

위와 같이 아름다운 미모와 자격을 갖추신 분은 우리 집으로
퍼뜩 오라카이

카사노바의 월중 행사표

1일 친구 소개로 순자와 첫 만남을 갖기로 했다
　　무조건 이쁘다고 추켜세워야지 뭐
2일 경숙이가 우울하다고
　　술 먹으면서 날밤 까기 하잔다
　　날밤 까묵다 내도 까묵어야 할 낀데
3일 미경이랑 점심 약속 했는데 저녁까지
　　물고 늘어진 다음 밤일을 도모해야지
4일 희진이네 집에 가서 못 박는 거 도와주기로
　　했는데 저녁 얻어묵으면서 술 한잔
　　달라 캐서 마신 다음 취한 척
　　개기면서 자고 와야지 뭐
5일 숙자랑 원 나잇 하기로 했는데
　　상황 봐서 투 나잇으로 연장해야지 뭐
6일 유진이랑 낮술 먹기로 했는데
　　낮술은 에미 애비도
　　못 알아본다니까 무슨 짓을 해도
　　용서해 주겠지 뭐
7일 영사네 집에 초대받았음
　　꽃 사 들고 가서 앵겨주고
　　술 처묵고 무조건 곯아떨어지자
8일 은숙이 생일잔치에 초대받음
　　일단 진짜 같은 가짜 다이아 반지

    사다 주고 환심을 사자
9일 지연이가 백화점으로 쇼핑 가자는데
    잘못하면 바가지 옴팡 쓸 거 같아서
    동대문시장으로 가자고 꼬셔야쥥
10일 윤자랑 노래방 가기로 했는데
    가서 노래 잘한다고 부추기면서
    취한 척 윤자 끌어안고
    비벼대야지
11일 경애랑 드디어 모텔 가기로 했다
    다른 애들이랑 못 해본 체위 다 해봐야쥥
12일 희숙이 처음 만나는 날
    일단 술을 잔뜩 퍼먹인 다음
    원 나잇을 시도해 보자
13일 유라랑 저녁 약속 있음
    얘는 분위기 드럽게 좋아하니까
    와인바로 데꼬 가서
    분위기에 확 취하게 만들자
14일 진숙이한테 사랑한다고 고백하기
    씨가 먹혀야 할 텐데…
15일 미숙이랑 헤어지기
    일단 내가 불치병에 걸려서
    3개월밖에 못 산다고 해야지 뭐

　　　　속아 넘어가야 할 낀데
16일 주일은 쉼
17일 애숙이랑 드라이브하기로 함
　　　　차에서 모모 할라 카모 뭘
　　　　준비해야 하지?
18일 선옥이랑 드디어! 드디어!
　　　　알몸으로 비벼댈 찬스가 왔다
　　　　오늘은 꼬옥 먹어도 되는
　　　　코코넛오일을 준비하자
19일 경미한테 고백하기로 한 날이다
　　　　미친 척하고 무릎 꿇고
　　　　몰래 안약 넣고 감동의 눈물을
　　　　흘려야쥥
20일 지연이랑 차박 하기로 함
　　　　차에서 첫날밤을 보내다니
　　　　벌써부터 흥분된다
21일 윤희랑 심야 영화 보기로 함
　　　　다음 순서를 모텔로 할까
　　　　윤희네 집으로 할까 고민되네
22일 옥자가 첫 키스를 허락한 날
　　　　밥에도 반찬이 있고 술에도

      안주가 있는데
      키스만 가지고 되겠나
23일 지숙이가 엄마 아빠가 제주도 여행
      가셨다고 저녁에 즈그 집으로 오라 카네
      잠옷을 가져갈까 말까
24일 봉선이가 저녁에 술 사 달라 카네
      저번에는 실패했지만 오늘은
      독주를 퍼 멕여서 꼬옥 떡실신 시켜야지
25일 지선이가 저녁에 동네 으슥한 폐가에서
      만나자고 연락이 왔다
      비아는 챙겼는데
      바닥에 깔 이불을 가져가야 되나
      어떻게 해야 하지?
26일 지수하고 밤낚시 가기로 함
      고기는 안 낚여도 좋은데
      니는 꼬옥 내한테 낚여야 한다
      알그쩨
27일 주희가 봉사활동을 가자고 한다
      밤에는 니한테 봉사할 수 있게
      해도라 쫌~
28일 희선이가 오늘 화가 억수로 난다고
      술이 떡이 돼가꼬 만나자고

전화가 왔다
옛말에 홧김에 서방질한다 캤으니
지가 알아서 쳐들어오겠지 뭐
29일 선자가 즈그 집에 와서
자고 가라는데 휴일도 없이
일하다 보니 힘들어서 못 갔다
아깝다~
이러다 과로로 복상사하면
산재보험 탈 수 있을라나…
30일 다음 달을 위하여 휴식하자

손만 잡게 해돌라꼬 애원하던 옵빠야

내 손만 잡꼬
갤혼할 때까지
안 잡아묵께따꼬

순결을 지켜주게따꼬
그래 철석같이
약속해 노코

니 그 약속 와 지키는데
이 문디 옵빠야~

따른 옵빠야들은
그 약속 다 깨불고

잡아묵어가 갤혼들
해껀만

옵빠야는 와 그 약속
지켜뿌가 낼로
노처녀 맹기러 노코

어데로 간나

문디 머스마야~

내 옵빠야 기다리다가
머리에 서리 내려가

백 년은커녕
1초 해로도 몬 하고
파뿌리 돼따 아이가~

첫눈 내리는 날 밤에
야시시하게
치장하고 있을 끼라예~

그라이 옵빠야
나타나가꼬

그 약속
제빌 곰 깨도라
이 문디 옵빠야~

행방불명된 마누라

아침에 일어나니
모닝커피가 나를 기다린다

한 모금 마시고 나서
마누라를 불렀더니 대답이 없다
여기저기 두리번거리며
집 안 구석구석 찾아다니다
가만 생각해 보니

아참!
내 장가 안 갔지
이 다리 저 다리 세 다리가 다 설 수 있을 때 가야 할 낀데…

쓰레기통에서 주워온 가시나

내 시골 촌구석에 살다 보이
젊은 여자라고는
눈을 씻꼬 봐도 없능 기라

그라다 보이 이적지
장개갈 꿈도 몬 꾸고 살았능 기라

그카는데 어느 날
동네 노총각들끼리 모여 앉아가
술 한잔하매
신세 한탄을 하고 있는데

우리들 중 그쪽으로 제일 옷질 인
길용이 행님이 하는 말이
서울 가모 그래 이쁜 가시나들이
길거리에 쫙 깔렸다 카능 기라

그래 내 서울 가서
색싯감을 하나 구해 오기로 맘묵꼬
상경을 했능 기라

서울에 도착하니

날은 어둑어둑해지고
배도 고프고 해서
순댓국집에 가서
순댓국 한 뚝배기에
쐬주 한 잔 걸치고 나와

쉴 곳을 찾아 두리번거리는데
건너편 술집 쓰레기통 옆에
억쑤로 이쁜 가시나가 버려져 있능 기라

시골에서는 돋보기로 찾아도 없는 가시나들이
서울에는 넘쳐나다 몬해
쓰레기통에다 갖다 버리다니……

내 바로 길용이 형한테 전화해가
행님요, 서울에는 가시나가 하도 많아가
쓰레기통에서 골라 주워 와도 되니까
퍼뜩 올라오이소 카고는

쓰레기통에 버려진 가시나를 주워서 들쳐 업꼬는
모텔로 들어왔능 기라

그란데 가시나한테서 술 냄새가 하도 나가꼬
깨까시 씻기가 시골로 데꼬 갈라꼬
옷을 벗기는데

갑자기 벌떡 일라더니
싸대기를 말복 날 개 패듯이 패고는
나가버리능 기라

쓰레기통에 버려진 가시나를 주워다
재활용할라칸 게 몬 죄라꼬
이래 뚜들겨 패고 지랄이고
문디 가시나 크흑~

재벌남과의 결혼

올해도 벌써 11월
내년이면 내도 이제
50대가 되능 기라

친구들이 여자 나이 50대가 되모
고목나무도 안 쳐다본다 카믄서
40대에 시집을 가야 한다 카능 기라

그래 고민 끝에 용하다는
점쟁이를 찾아갔더니

계룡산에 가면
총각 귀신 무덤이 있는데
거기 가서 백일기도를 하면
참한 신랑감을
점지해 줄 끼라 카능 기라

그래 내 매일매일 열심히 백일기도를 다니던 어느 날
기도를 마치고 내려오는데
앞에 몬생기고 팍 삭은 남자가 걸어오면서

내같이 돈 많은 남자를

가스나들이 와 몰라보는지 모르겠다 카매
구시렁대며 지나가는 기라

그 소리를 듣고 다시 보니
듬직하고 재벌 2세같이 멋있어 보여
슬쩍~
꼬리 쫌 쳤더니
바로 넘어오능 기라

그래가 코맹맹이 소리 섞어가며
옵빠야가 돈이 그래 많심니꺼 카니까
보여주겠따꼬 따라오라 카능 기라

그래 따라갔더니
즈그 집 안방으로 날 데꼬 가길래

이놈아가 혹시 덮칠라 카나
생각하는 찰나
덮치지는 앙코
방바닥을 슬쩍 들춰 보여주는데

으헉~

오만 원짜리 지폐가 장판 밑에
수도 없이 깔려 있능 기라

떡 본 김에 제사 지낸다꼬
퍼뜩 낚아채 가 갤혼을 해야지
더 재다가는 재벌 2세를 놓칠 거 같애가
급한 김에 내가 바로 덮치가꼬
갤혼을 했능 기라

몬생긴 거야 나중에 수술 쫌 하모 되능 기고…

그래 신혼여행을 다녀와가
돈은 방바닥에 놓아두면 위험하니
은행에 저금을 하자고 꼬시가
장판을 들쳐보니

으아앙~~~
앞쪽에만 5만 원 짜리고
뒤쪽으로는
천 원짜리 십 원짜리 일 원짜리만
수천 개를 쫙 깔아 논기라

그래 내 울면서
돈 많다 카더니 니 이 모꼬
다 세어봐야
몬생기고 팍 삭은 니 얼굴
수술할 돈도 안 된다 캐떠니

내 돈 개수가 많다 캐찌
돈 액수가 많타꼬는 안 했다 카능기라

으아앙~
이 띠발로모 띠끼야~
내 처녀 돌리도~~~

상남자를 삼켜버린 바람

가을바람이 차다
내리는 가을비마저
내 마음을
차갑게 때리고 있다

더 늦기 전에 이 가을을 누리려
예술틱한 베레모를 쓰고
궂은비를 맞으며 걷고 있는데
내 마음을 아는지
흐느끼듯 들려오는 가을 찬 바람 소리
노오란 은행잎마저 비에 젖어
울고 있다

바로 그때
내 앞에 예쁘고 귀여운 여인이 나타나
상큼한 미소를 짓는다

두근두근 설레는 마음으로
미소에 답례하려 베레모를 벗고
머리 숙여 인사하려는데
회오리바람이 불어와
내 가발을 들고 어디론가

가버렸다

그녀가 놀라며 남긴 한마디
'오~ 신이시여, 고맙심니데이
바람 아니었으면
내 홀딱 넘어갈 뻔했능 기라예'
이카는 거 아이가

아~ 나쁜 바람!!

한겨울의 아나콘다

밤새 눈이 많이 와가꼬
회사 출근하는데
길이 억쑤로 미끄러워가
내 조심조심 걷고 있었능 기라

그카는데
갑자기 뒤에서
어매요~ 카믄서
어떤 머시마가 미끄러지믄서
내를 껴안고 넘어지능 기라

그래 얼떨결에
뒤로 자빠졌는데
머시마가 그래 좋은
침대인 줄 이제야 알았능 기라

옴마야~
뒤가 침대보다 더 푹신하고
감미로워떼이
모 이래 좋은 침대가 다 있노

마 정신 차리가 일나보이

변강쇠로 보이는 옵빠야가
내 뒤에서 미끄러지믄서
나를 덮쳤능 기라
내 뒤태가 올매나 섹쉬했으모~

그카는데 시방도 의문인게
내 응댕이 밑에서
엄청시리 큰
아나콘다 한 마리가 꿈틀대능기라
이 추운 겨울에~

이누마 머꼬
와 그 크고 무거운 아나콘다를
바지춤에 넣코 다니노
참말로 희안테이~

세계 일주 여행

내 드디어 정년퇴직을 하고
평생 꿈꾸던
세계 일주 여행을 시작했능기라

미국 뉴욕으로
프랑스 빠리로
홍콩으로 태국으로
오늘은 핀란드를 향해 가고 있다

나는 매일 점심때가 되면
해외여행을 간다
비행기를 버리고
버스를 타고서~

그저께는 광화문에 있는 뉴욕제과에서
우유 한잔을 마시며
뉴욕을 마음껏 누렸다

어제는 종로에 있는 빠리바게트에서
마늘빵을 먹으며
유리창에 세워놓은 에펠탑을 누렸다

오늘은 그동안 해외여행으로 인한
피로를 풀기 위해
핀란드로 가고 있다
남대문에 있는 핀란드 사우나로~

그리고
저녁에는 홍콩으로 가서
자장면과 탕수육을 먹어 봐야겠다
인천 차이나타운 홍콩반점에서~

울 동네 목욕탕 동기 동창들

명절을 맞아
때 빼고 광내러
동네 목욕탕에 갔능 기라

올만에 만난
목욕탕 동기 동창들
지붕 위에 내린 서리가
이제는 고추밭까지
내려와 있능기라

그럼에도 불구하고
임신한 배는 여전하네

10년째 만삭인 박 영감
7년째 임신 6개월인 김 사장
20년째 임신이 안 되는 이 선생

헉~
그런데 오늘 처음 본
동네 목욕탕 후배를 보고
깜짝 놀랐능기라

그놈아의 꼬추밭에는
꼬추가 엄따 아이가

요즘도 내시가 있나
생각하는 찰나 그놈아가
옆을 스치고 지나가는데

내 눈에 스캔된 그놈아의 꼬추밭에는
돋보기로도 보일락 말락 한
뻔데기 한 마리가 숨어 있능 기라
키는 구척장신인데
우째 이럴 쑤가~

주태백이 딸 금주야

주태백이 딸 금주야
느그 아버지가 술로 세월을 살다 보이
술에 진절머리 난 느그 엄마가
오죽하모 니 이름을 금주라꼬 지어껜노

그래도 내는 마 니가 좋아가꼬
니랑 갤혼하게 해 돌라꼬
느가버지한테 말씸 디려떠니

느가버지 왈
니 술 미빵이나 마시노 이캐서
한 뱅도 몬마심니데이 캐떠이마는
머스마가 술또 몬 마시냐꼬

그래가 몬 큰일 하겐냐꼬
니랑 갤혼할라 카모
술 배와가꼬 오라 카데

그래 내 술 배울라꼬
허구헌 날 주막거리
들락거리다 보이
이제는 내가 주태백이 되따 아이가

그래 내 술 배와가 느그 집 찾아갔떠이마는
느가버지는 불로장생주 찾아 집 나가
소식 엄따 카고

느검마는 술 묵는 놈한테는
딸 몬 준다 카믄서
술 몬 묵는 뒷말 억수한테
시집보냈다 카데

내 마 억쑤로 슬퍼가꼬
주막거리를 내 집 삼아 들락거리믄서
술 쳐묵다가

개성집 아지매가
홧김에 술 쳐묵꼬
서방질해가 낳다 카는
갱란이하고 정분 나가
갤혼해따 아이가
마 술이 웬수인 기라

니는 마 말 들어 보이
시어므이 빤스 빨믄서

빨래방맹이 너무 씨게 뚜두리가꼬
시어매 빤스에 구멍 내가
소박 마자따 카대

그래가 느그 남편 억수가
억쑤로 괴로워가
술찌게미 묵꼬 술 취해 집 나가
십수 년째 소식 엄따 카능기 참말이가?

내는 딸만 셋 낳아따
큰딸 양주는
어려서부터 양주병만 보모 환장해가꼬 놀더이 마는
걀국엔 조니 워커랑 걀혼해가 미국으로 시집가뿌따

둘째 딸 맥주는
어려서 찌린내 나는 오줌을 그래 마이도 싸드이만
찌린내를 그래 몬 잊어가꼬
갤국 독일에서 찌린내 젤 마이 나기로 소문난
쉬 마려워 삐러 맥주 공장에 댕기는
뮐러 동생 물러한테 시집가가 잘 산다

시째 딸 량주는

취권을 그래 마이도 좋아해가꼬
취퀀 배우러 간다꼬 쭝꾹에 가더이만은
성룡이가 취권 배울 때 그래 마이도 쳐묵어따 카는
꼬량주 공장 댕기는
찐땅에 짱화라 카는 놈한테 꼬치가꼬
죽꼬 몬 산다 카능 기라

마누라는 막내딸 시 살 때
내 그동안 술 쳐묵꼬
마당에 쌓아논 술뺑 더 쌓을 때가 엄따꼬
술뺑 팔러 간다꼬 나가서 아직 또 안 온다

니 인생 내 인생은
우째 이리도 얄궂노 가스나야~

술 생각날 때 함 와라
주막거리 양조장에서
보수 쌔비나 놔따
쳐묵어 가믄서 인생 함 다시 풀어보제이~

첫사랑

오늘
첫사랑을 만났다

열두 살 때 처음 만났던
나의 첫사랑

한동안 잊고 있었던
내 사랑

그녀는
여전히 늘씬하고
까무잡잡한 섹시함이 몸 전체를 휘감고 있었다
수십 년이 지난 지금도
매력덩어리다

결국 난
더 이상 참지 못하고

수십 년 고이 간직했던
첫사랑 짜장면을 쳐묵꼬 말았다

단무지와 함께~

빗물 인생

대포 한잔에
시름 얹어서
목젖에 털어넣고

내리는 빗물에
과거를 말아
안주 삼으니

흐르는 빗물이
내 인생이로다

첫사랑의 제삿날

첫사랑 춘자가
하늘나라로 이민을 떠난 지
벌써 1년이 되었다
오늘은 그녀의 기일이다

수십 번의 망설임 끝에
그녀의 산소를 찾아가기로
마음먹고 여기저기 수소문한 끝에
드디어 그녀가 잠들어 있는 곳을
찾아냈다

그래 평소 그녀가 좋아하던
빨간 딱지 소주를 사 가지고
그녀의 무덤을 찾았다

기쁜 마음에
그녀의 무덤 앞으로
헐레벌떡 뛰어가 절을 하려는데
내 앞에 남자들이 17명이나
서 있는 기라

깜짝 놀래가 누구시냐고 물어보니

모두가 춘자의 첫사랑이라고
우겨 대능 거 아이가

하도 기가 막혀서
만난 연도를 물어보니
내가 맨 꼴찌 18번째 사랑이었는 기라

춘자야!
니 분명히 이 세상에 태어나서 남자는
내가 처음이라꼬
그래 수줍어하더니만
그게 다 연극이었단 말이가
흐흑

크리스마스에 속치마로 스키 타고 내려온 천사

눈이 내린다
함박눈이 펑펑 내리고 있다

겨울은 왜 이렇게 빨리 오는 거야
한 살 더 먹는 거 정말 싫은데……

함박눈을 맞으며 거리로 나섰다
크리스마스도 다가오고
하다 보니 어린아이처럼 기분이 좋아
눈을 맞으며 걷고 있는데

내 앞에 황홀할 정도로 뒷모습이 섹시한
가시나가 걸어가고 있는 기라

그래 넋 놓고 바라보고 있는데
갑자기 눈길에 미끄러지면서
엉덩방아를 찧더니 속치마로 스키를 타면서
앞에 가던 신부님 가랑이 사이로
지나가며 그 예쁜 얼굴로
신부님 다리 사이에 있던 두 개의 종을 치자

신부님께서

주여 저를 시험에 들지 않게 하여
주시옵소서
카는데

가시나가 계속 미끄러지면서
시주 돌던 스님의
가랑이 사이로 빠져나가며
여인의 향기를 풍겨 버린 기라

스님께서 말씀하시길
과속하셨습니다
이건 불법이에요
규정 속도로 다시 한번 지나가 주세요
카는 기라

드디어 스피드가 줄면서
앞에 가던 목사님 가랑이 사이에 있는
쌍방울에 코를 박고
멈추어 선기라

목사님께서 말씀하시길
그동안 천국으로 떠났던 수많은 사람들이

부활하지 않은 이유를 이제야 알겠다며
천국에 머물러 있게 더 이상
미끄러져 내려가시면 아니 되오
카는데

가시나가 일어서려다 또 미끄러지는 기라
그래 내가 잡아 줄라꼬 뛰어가다
내도 미끄러지면서 그녀를 앞질러 선기라

그런데 그녀가 내 앞에 딱 30센티를
남겨 놓고 서 버린 기라
30센티만 더 미끄러졌으면
내도 홍콩에 갈 수 있었능긴데

깜빡 잊고 두고 온 모시조개

봄비가 부슬부슬 내리는 날
텅 빈 마음이 허기를 느껴서
외로움 쫌 가슴에 담아 올라꼬
바닷가에 가서
조개구이 안주에 소주 한잔하고 있는데

갑자기 뒤통수가 간질거려서
돌아보니
뭐 그냥 수수하게 이쁠까 말까 한
가시나가 서 있는 기라

모르는 척 조개 굽기에 열중하고 있는데
저기요!
같이 마시면 안 될까요 카는 기라

고독을 씹으러 왔는데
방해꾼이 나타나 썩 내키지는 않았지만
우싸센노 꼬리 긴 니사가 실탕서리는네

그래 한 잔씩 하면서 이바구하다 보니
해는 뉘엿뉘엿 지고
술은 알딸딸하게 취하고

가스나는 이뻐 보이고

슬그머니 손을 잡았더니
아잉 몰라 몰라 하는 표정으로
오케이 사인을 보내는 기라

에라잇~
용기 백 배 해가 끌고 나와
으슥한 곳에서
누구 혓바닥이 더 긴가
재어 보다가

아무래도 아래 뱃길 속으로
노를 저어 들어가 보는 게 도리일 거 같아서
바로 옆 낡은 돛단배에 닻을 내리고
아래 뱃길 속으로 헤엄쳐 들어가려는데

갑자기 가시나가 벌떡 일어나더니
젤루 중요한 걸 빠뜨리고 왔다면서
옷을 주워 입는 기라

뭔 소리냐고 물으니

자기 몸에서 제일 소중한
모시조개를
항상 바닷가 갯벌 속에 숨겨 놓고
다니는데

오늘 사용할 일이 없을 거 같애서
두고 왔다 카면서
가지러 간다며 가 버리는 기라

내 인류가 시작된 이래
조개를 띠었다 붙였다 할 수 있다는 말은
오늘 처음 들어 본다 아이가

로또 여인

우리 동네 로또 가게서 알바하는
가시나가 엄청시리 이쁜 기라
그래 함 꼬시 볼라꼬
매일같이 로또를 사러 갔다 아이가

원래 내 꿈은
재벌 2세였는데
울 아배가 무일푼이라서
그 꿈을 이루지 몬하던 중
아배가 꿈에 나타나
6개의 숫자를 알려 주길래
샀더니만

헉!
내가 1등에 당첨된 기라

그래가 당장 가시나한테 달려가
이제 내캉 결혼하자
내하고 결혼하면 이 복권이 니끼 될 꺼고
거절하면 난 물에 빠져 죽는다 카니까
로또보다는
지를 일편단심 사랑해 주는 모습에 반해따 카매

내한테 안기는 기라
그래 내 감동에 겨워
그녀를 두 손으로 꼬옥 끌어안는 순간

아차차!
그녀를 포옹하느라
손에 들고 있던 로또를
내도 모르게 놓치고 말았는 기라

깜짝 놀라 보니
로또가 허공 중에 두둥실 떠서
하늘나라를 향해 가고 있는 기라
그래가 내 니는 아직 죽을 때가
안 되었다고 설득을 해도
소용이 없는기라

하이고 마 은하철도 999를
부를 수노 없고 해서
날아가는 로또를 따라서
마라톤을 하다 보니
어느 바닷가에 다다랐는데
로또도 날아다니다 지쳐

자살을 결심했는지
올림픽 다이빙 선수보다
더 멋지게
끝없는 공중회전을 거쳐서
바닷물 속으로
입수를 하고 마는 기라

그 순간 그녀가 남긴 한마디
다시 1등에 당첨되기 전까지
내 앞에 나타나지 마라 카고는
떠나가 버리는기라

로또야!
니 그래 어렵게 1등에 당첨돼 가꼬
와 자살을 하고 지랄이고
이제 가면 언제 오나
에헤이 헤여
아이고오 로또야아

와~ 드디어 마누라가 셋이닷

붉은 낙엽이 온 산을 물들이고 있다
가을이 성큼 다가왔다
가을을 느끼려 단풍 여행을 떠났다

첩첩산중을 지나던 중
배가 고파서
밤을 주워서 먹고 있는데
지나가던 심마니가 뭐 하냐고 묻길래
배가 고파서
밤을 주워 먹고 있다고 했더니

조금만 더 내려가면
우리 집이 있는데
거기 가서 먹을 것 쫌 달라고 해서
얻어먹으라 카는 기라

그래 고맙다 카고
쫌 내려가니
인가가 있어 드갔더니
억수로 이쁜 가시나가 있는 기라

그래 내 가슴이 콩닥콩닥
뛰는 걸 애써 참으며
아버님이 보내서 왔다고 했더니

참말이냐고 묻는 기라

그래 참말이라 캐떠니
자기 방으로 안내를 하는 기라

그래 들어갔더니
여자 냄새가 물씬 풍기는데
황홀 지경이라
향기에 취해 있는데
가시나가 들어오더니

아버지가 과년한 딸이 걱정이 되어
당신을 보낸 것 같다며
인연을 맺어
효도할 수 있게 해 달라 카매
밥도 안 주고 내 옷부터 벗기는 기라
배고파 죽겠는데……

그래 이것이 운명이라면
우짜겐노 받아들여야지 카고는
모든 것을 받아들이고 있는데

갑자기 문이 벌컥 열리며

늙은 노처녀 아지매가 뛰어 들어오더니

니보다 내가 더 급하다 카매
내 팔을 덥석 잡더니
자기 방으로 가자 카는 기라

그러자 가스나가
내 다리를 끌어안고는

아버지가 내한테 보내준 인연인데
왜 고모가 가로채려 하냐며
서로 날 차지할라꼬
고모와 조카가
머리끄덩이를 잡고 싸우는 기라

그래 동네가 시끄럽자 싸움 구경 온
옆집 젊은 과부가
내를 보더니
둘이 싸우는 사이 내를 보쌈해 갈라꼬
빈 쌀가마니 속으로 디리미는 기라

그래 내 몸이 셋으로 갈기갈기
찢어질라 카는 찰나

옥아! 내한테 침 발라노코 니 어데 간노

아버지가 들어오더니

자네는 한 사람의 마음만 훔쳤어야 하는데
세 사람 마음을 훔쳐
우리나라에서는 살 수가 없으니
셋 다 데리고
일부다처제인 사우디로 떠나라 카는 기라

그래 내 억수로 고맙심니데이 카고
장인어른께 큰절을 올리고는
사우디로 떠날라 카는데
갑자기 오줌보가 터질 거 같애
참을 수가 없는 기라

우짜겐노 벌떡 일났더니만
꿈인기라……

아
아깝다
사우디에 도착할 때까지만 더 참았으면
마누라가 셋이 되능긴데

고지를 코앞에 두고 헥헥헥~

웬일로 여친이 등산을 가자고 한다

신이 나서 먹을 거랑
캠핑 준비 바리바리 해 가꼬
트렁크 가득 싣고
부릉부릉 출발을 했는 기라

산세 좋은 곳을 찾아
차를 세우고 산을 올랐다

오랜만에 등산을 하니 힘들어
숨이 턱턱 막히는데
그래도 그녀와 함께 하는 것이 좋아서
힘든 줄 모르고 오르다가

점심때가 되어
인적 드문 곳을 찾아 쉬면서
김밥을 서로 먹여 주는데

오물오물 복스럽게 먹는 모습이
너무 이뻐
그녀의 입에 있는 김밥을 뺏어 먹다가
띠~ 옹~
그만 황홀감에 빠지고 만 기라

급한 김에 등산복을 깔고
그녀를 눕히고
샌드위치 만들기 놀이를 하려는데

어제 비가 와서 그런지
땅이 축축하다며
차에 가서 은박지 매트를
가져오라 카는 기라

그래 쏜살같이 뛰어 내려가
차에 있는 은박지 매트를 가지고 왔더니

지나가다가
누가 보면 어떡하냐고
다시 가서 그늘막 텐트를
가져오라 카는 기라

가시나 말이 맞는 거 같아
다시 차에 가서
그늘막 텐트를 가져왔더니

가시나가 뻘겋게 부은 허벅지를 보이며
산속에 모기가 왜 이렇게 많냐 카며

가서 모기약을
얼른 가져오라 카는 기라

하악~ 하악~ 헉~ 헉~
우짜건노
그녀와의 달콤한 사랑을 위해서
열심히 달려야지

젖 먹은 힘까지 다해서
내려가 모기약을 가져와
바치고 나니 녹다운 돼가꼬
그녀에게 기올라 갈 힘이 없는 기라

그래 허우적대고 있는데
무슨 남자가 이래 약골이냐고
성질을 벌컥 내고 가버리는 기라

야 이 가시나야
해발 1천 미터를
세 번 왕복해 봐라

천하장사 헐크도 못 하고 내려갔을 끼다
문디 가시나야
헥~ 헥~ 헥~

내가 버린 100억

장마가 시작되려는지 부슬부슬 비도 오고
마음도 울적하고 쓸쓸해가
동해안 바닷가를 거닐고 있는데

저 앞에 뒷모습이 억수로 섹시한 여인이
우산도 없이
비를 흠뻑 맞으며 걸어가고 있는 기라

그래 측은지심 반 호기심 반으로 다가가서
이래 비를 맞고 다니시면
감기 걸리심니더 카매
우산을 씌워 주었더니

슬픈 미소를 지어 보이며
고맙다꼬 인사를 하는기라
그래 같이 거닐며
이런저런 이야기를 하다가
마침 술집이 보여 가꼬 드가서

한잔 술에 취해
인생의 허무와 덧없음에 횡설수설하다가
누가 먼저랄 것도 없이 마음이 동해

하룻밤을 자고 일라 보니

어젯밤
그 섹시한 가시나는 어디 가고
억수로 몬생긴 가시나가
옆에 누워 있는 기라

그카는데 부스스 일어나더니
내한테 연락처를 달라 카길래
별로 마음에 안 들어가꼬
내도 모르게 사촌 동생의
이름과 연락처를 주었는 기라

그런데 얼마 후
다단계 사업에 투자했다가
망했다고 소문난 사촌 동생이
수억짜리 스포츠카를 타고 나타나
갑부 폼을 잡길래

니 우찌된 기가 물어보니
알지도 못하는 어떤 여자가 변호사를 통해서

불치병에 걸려
마지막으로 간 동해안 여행에서
멋진 추억의 하룻밤을 만들어줘서
고맙다 카매

죽으면서
자기한테 100억을 유산으로
물려주었다 카는 기라
으아악~

용왕님의 룸싸롱

외딴섬 산기슭 한편에
작은 오솔길 가다 보니
호릿한 틈새 바위 모로 눕고

솔나무 길게 드리운
뒷산 언덕에 낯선
고깃배 하나 걸려 바람에 춤추고

호리호리한 길 걷다 보니
나뭇등걸 하나 길 가운데 우뚝
무심코 내려다보니
영락없는 돼지 콧구멍

한 둘레 둘레길 지나
낙석 비껴진 갯바위에
걸터앉아

지린내 나는
맥주 한잔에
짜디짠 갱굴 한 놈
훑어 먹으니

오호라
여기가 용왕님 룸싸롱일세

노팬티에 날아간 사랑

오랜만에 친구를 만나
술 한잔하면서 이바구하던 중
요즘 젊은 남자들은 노팬티로 다니는 것이
유행이라 카는 기라

다음 날부터 젊은 티 쫌 내어 볼라꼬
노팬티로 출근을 했는 기라

그라던 어느 날 차를 몰고 가고 있는데
어떤 가시나가 손을 흔들어

차를 세웠더니
급한 사정이 있어서 택시를 탈라 카는데
지나가는 차가 없다 카매
쫌 태워 달라 카는 기라

그래 태워다 주었더니
고맙다꼬 내일 저녁을 사겠다 카는 기라

다음 날 만나서 저녁을 먹는데
가시나가 볼수록 이뻐서

꼬셔가꼬 사귀던 중
어느 날
차 안에서 이바구하다가
니 입술이 하도 이뻐가
뽀뽀 쫌 하고 싶다 캐떠니
그라모 입가심하게
커피 쫌 사오겠다 카는 기라

그래 차에서 기다리며
뽀뽀할 때 눈을 감고 하나? 뜨고 하나?
다음 순서는 뭘 해야 하나
흥분의 도가니 속에서
사랑의 망나니 춤을 추고 있는데

가시나가 커피를 사 와서
차 문을 닫다가 그만
뜨거운 커피를 내 바지에 쏟은 기라

얼마나 뜨거운지 갑자기 눈물이
핑 도는데

가시나는 아이고 우야노 오빠야 카며

바지를 털고 닦아 내다가
벗어서 말리자 카매

갑자기 내 바지 지퍼를 내리는데
너무 급하게 내리다
그만 갸가 지퍼에 끼이고 말았는 기라
으아악!!!

억수로 아프고 피가 줄줄 나가꼬
119를 불러서 병원에 갔더니
다행히 얼라 맹기는 데는 지장이
엄따 카는 기라

남들은 차 안에서 그래 많은
역사를 쓴다 카던데
낸 이 뭐꼬???

300년 만에 환생한 마누라

어느 날인가부터
여자가 밤마다 꿈에 나타나
마누라라 카며 끌어안고
내를 못살게 구는 기라

그래 악몽에 시달리던 어느 날
그날도 밤새도록 시달리다가
깨어나 보니
온몸에 땀이 흥건한 기라

안 되겠다 싶어서
병원에 갔더니
몸에는 아무 이상이 엄따 카는 기라

이상하다
몸이 허해서 그런가 싶어
보약이라도 한 첩 지어 먹어 볼라꼬
힌의원에 들리시
보약 한 첩을 지어가 나오는데

옴마야~
미스코리아보다

덜 이쁜 가시나가 달려오더니
내 손을 덥석 잡으며
당신을 찾아 300년을 헤매고 다녔다 카매
내를 끌고 어디론가 가는 기라

한참을 가보니 숲속 한가운데
상엿집 같은 곳이 있는데
거기가 자기 집이라며
들어가자 카는기라

쫌 으스스하고 무섭기는 한데
이레 이쁜 가시나를 놓칠 수는 없고
더군다나
수십 년 만에 온 기회인데 우짜건노

벌렁거리는 심장을 부여잡고 들어갔더니
장례식에 쓰는 물건들이 슬비해가 오싹한데

가시나가 갑자기 내를 꽈악 끌어안더니
우리는 이미 300년 전에
부부가 되었기 때문에
다른 절차가 필요 없다며

내를 홍콩으로 데꼬 가는 기라

아~
드디어 내도 이제 이쁜 마누라와
알콩달콩 신혼을 누리며
살 수 있는 날이 왔구나

행복에 겨워 그녀의 품에 안겨서
양털같이 포근한 뭉게구름 위에
떠 있는데
갑자기 경찰 수십 명이
나타나 그녀를 끌고 가 버리는 기라

정신병원에서
탈출한 여자라나 뭐라나

할매한테 빼앗긴 남친

만난 지 한 달 만에 서로에게
포옥 빠져서 장래를 같이하기로 했는데
취직을 못 한 백수다 보니
도저히 장모님이 허락을 안 해 줄 것 같다는 기라

그래 둘이서 궁리를 하다가
혼수를 먼저 준비하면
하는 수 없이 허락하실 것 같아
떡두꺼비 같은 아들을 만들 수 있는
길일을 택해 작전에 들어갔는 기라

보름달이 휘영청 밝은 어느 날 밤
그녀의 엄마가 외출한 틈을 타
그녀의 방에서 부둥켜 앉고
다른 사람들이 넘보지 못하게
서로에게 침을 퉤! 퉤! 퉤!
뱉어 놓은 다음
우리의 귀하디귀한 아들이 될
장군감의 씨앗을
그녀에게 전해 주려는 찰라
금자야 카매 갑자기
장모님이 들어오신 기라

둘이 사색이 되어
어디 숨을 데 없나 살피다가

급한 김에 하는 수 없이
빨가벗은 채
마네킹이 되기로 하고
벽에 기대어 마네킹 행세를 하고
서 있었는 기라

그래 장모님이 방으로 들어오기
무섭게 그녀가 엄마 놀라지 마
내가 하도 적적하고 심심해서
사다 놓은 남자 마네킹이야
카는기라

장모님이 깜짝
놀라며 남사시럽꼬로
이런 걸 집에 두었다가
남들이 보면 변태라꼬
손가락질할 끼라며
퍼뜩 갖다 버리자 카며

내 자존심을 툭 치며
우째 이리도 크고 실하게 잘 만들었노
요즘 참말로 기술 좋데이
카는데 갑자기 그놈아가
한 대 맞았다고

성질을 내면서 피노키오 코같이
엄청시리 커지는 기라

그래 내 어쩔 줄 몰라 하고 있는데
장모님이 하이고 마 자동이네
비싸게 샀겠다며 아깝지만
퍼뜩 갖다 버리자며
밖으로 끌고 나가는 기라

하는 수 없이 간신히 밖으로
끌어냈는데 때마침 폐지 줍는
할매가 다가와서는
이 마네킹 버리는 겁니까
카고 물으니 장모님이 그렇다 카며
가져가라 카는 기라

할매가 폐지 줍는 리어카에
내를 밀어 올려 싣고는
하이고마 오늘 횡재했다고
마네킹이 새 거라 비싸게
쳐 주겠다 카며
고물상으로 끌고 가는 기라

그래 내 할매요 사실 내가

마네킹이 아니고 사정이 있어서
이렇게 됐다고 하니까

그라모 니 참말로 사람이가 카면서
하이고 하나님 고맙심니더
내 30살에 과부가 되어서
60년째 혼자 살고 있는데
하도 불쌍해가 하나님이
니를 점지해 주셨능갑다 카매

자기 집으로 끌고 가서는
내 목욕재계하고 나올 테니
조금만 기다리라 카며
욕실로 드가는 기라

내 그 틈을 타서 간신히
줄행랑쳤다 아이가

거세될 뻔한 내 거시기

퇴근해서 집에 왔더니
옆집에 누가 새로 이사를 온 기라

그래 누굴까 궁금해하고 있는데
딩~ 동~ 해서 문을 열었더니
새로 이사 왔다며 이사 떡을 주는데
바비 인형이 서 있는 기라

그날부터 옆집 가시나 얼굴 한번 보려고
매일같이 기웃거리는데

곰같이 생긴 강아지를 델꼬 다니면서
쪽쪽 빨고 안고 하며
그래 강아지를 이뻐하는 기라

그래 내 꿈에라도 좋으니
그녀의 강아지가 되게 해 달라고
100일 기도를 시작한 지 30여 일

기도발이 통했는지
내가 강아지로 변해서
그녀의 품에 안겨 있는 기라

너무너무 행복에 겨워
하나님 부처님 신령님
억쑤로 고맙심니데이 카고 있는데

우리 이쁜 강아지
누나하고 고만 자자 카고는
옷을 훌렁 벗더니
침대에서 알몸으로
내를 꼬옥 껴안는 기라

그래 내 가시나 속살의 감촉을 즐기며
황홀의 절정에서 헤매고 있는데

갑자기 섬섬옥수
그 이쁜 손으로
내 꼬추를 잡는 기라
하이고 마 우짜겐노
비로 흥쿵행 비행기에
올라타 구름 위를 날고 있는데

우리 이쁜 강아지
누나하고 같이 살려면

거세를 해야 하니
내일 아침 일찍 동물병원에
가자 이카는 기라

안 됏!!!
아무리 이쁜 누나라 캐도
그것만은 절대 못 해!!!

하나님 부처님 신령님
내 쫌 빨리 꿈에서 깨게 해 주이소
으아앙앙

그녀가 찾아준 돈 보따리

내 돈 쫌 찾아서
10년 입은 낡은 빤스 쫌 바까 볼라꼬
은행을 들어서는 순간
은행 안을 밝게 비추는 환한 얼굴

아!
너무 이쁘다……
이제야 내 반쪽을 찾았군

그날 이후 나는
VIP 고객인 양
돈도 없는 통장을 들고
매일 들락거리며
거금 1만 원을 넣었다
뺐다를 반복했는 기라
가스나 얼굴을 보기 위해서……

그러던 어느 날
투자 상담 쫌 하고 싶은데
퇴근 후 커피 한잔하자 캐떠니
흔쾌히 응해 주는 기라

그래 퇴근 후
그녀를 만나러 가는데

갑자기
엄청시리 큰 놈이
내 엉덩이에 있는
비밀통로를 뚫코 나올라꼬
지랄 염병을 떠는 기라

그래 내 이쁜 처자를 만나러 가는 중이니
쪼매만 참아 달라꼬
그러면 나중에
고급 백화점 비데 있는 데 가서
우아하고 품위 있게 해결해 주겠다고
사정을 해도
싫타꼬 당장 해결해 달라꼬
떼를 쓰는 기라

그래 주위를 아무리 둘러봐도
거사를 치를 만한 곳이 없어 고민하던 중
코앞에 은행 365 창구가
내를 유혹하는 기라

우짜겐노 바지에 쌀 수는 없고 해서
창구 앞 정보지 가판대에서
신문 한 부를 집어 들고 드가서
아무도 없는 틈을 타

잽싸게 볼일을 본 다음
둘둘 말아서 도로변 풀숲에
버리려고 들고 나오는데

은행 365 창구에서
두툼한 신문지를 싸 들고 나오니까
돈뭉치인 줄 알고
갑자기 날치기 오토바이가 나타나더니
잽싸게 낚아채가 도망을 가는 기라
하이고 마 이래 고마울 데가 있나

그카는데
나를 만나러 오던 은행원 가스나가
그 모습을 보고
날치기를 당한 줄 알고
달려오던 오토바이를 정면으로 막고
달려가서 돈 보따리를 빼앗는 순간

신문지가 찢어지면서 속에 있던
내 몸속의 황금색 노폐물들이
그녀의 얼굴을 덮치는 기라

아아아아아아악~
안 돼!!!

이 남자가 사는 법

나는 현재 마누라가 일곱 명이다
그리고 가정부가 한 명 있다
퇴근해서 집에 오자마자
인공지능
가정부 지니에게 말한다
지니야 티비 틀어 줘!

그리고 티비 드라마에서 열심히 열연하고 있는
첫 번째 마누라에게 말한다
여보 당신 연기 너무 잘한다
역시 내 마누라야!

그리고 채널을 돌려서 세 번째 마누라가 주인공인
드라마를 보기 시작한다
드라마가 끝날 때쯤 셋째 마누라에게
이야기한다
여보 오늘은 꼭 집에 들어와 줘!

그렇게 일곱 번째 마누라가 주인공인
드라마를 끝으로 잠자리에 든다
다음 주에는 첫 번째와 세 번째 마누라와
이혼을 하기로 했다

두 사람이 출연하던 드라마가 끝나게
되어서 더 이상 볼일이 없기 때문이다

그리고 다음 주에는 여덟 번째 마누라와
결혼을 할 생각이다
그녀가 새로운 드라마의 주인공으로
출연하기 때문이다

아침에 일어나 보니 오늘도 어김없이
일곱 명의 마누라가 다 외박을 했다
영화와 드라마에 출연하느라
바쁘기 때문이다

이게 다 이쁘고 섹시한 영화배우와 탤런트를
마누라로 데리고 사는 죄 아니겠나
그러니 영원히 독수공방을 감수하고 사는 수밖에……

그런데 너 슬픈 건 그녀들이
내 마누라라는 사실도 모르고
살아가고 있다는 거다
내 얼굴까지도 모른 채
흑~

낙지네 세컨하우스

오랜만에 여친과 바닷가에
놀러 왔다가
날씨가 하도 더워서
물속에 들어가
놀면서
물에 젖은 그녀를 보니
그야말로 인어공주가
따로 없능 기라

띠옹~
그녀를 으슥한 곳으로
끌고 가 온몸 구석구석 개미핥기의
향연을 끝내고

드디어
그녀의 신비한 동굴을
탐험하려는데
누군가 동굴 앞을 떡하니 가로막고 서 있능 기라

깜짝 놀래가 자세히 보니
대왕낙지 한 마리가
위풍당당하게 내 거보다 더 큰 민둥 대가리로

내를 못 들어가게
밀어내고 있능 기라

그래서 우리 집에 와
니가 들어가서
내를 못 들어가게 밀어내고 지랄이냐고
소리 질렀더니 무슨 소리냐며
거기가 자기네 세컨하우스라 카매

오랜만에 세컨하우스에
쉬러 왔는데
왜 당신이 남의 집에 들어오려고 하냐며
주거 침입죄로 경찰에 고발하기 전에
퍼뜩 꺼지라 카능 기라

그라모 혹시 가스나가
내한테 전세 놓고
낙지힌대는 내 플래 월세도 놓은 거 아닐까
우~ 쒸~

10년 고이 간직했던 선물의 부작용

어느 날 문득
좋아하는 여자가 생기면
그녀를 위해서
무엇을 준비할까
고민하다가

그렇지!!
당근 비아그라지~
바로 비아그라를 준비해서
주머니에 넣고 다니다

드디어 드디어
기회가 온기라
거금을 들여서
특급 호텔 스위트룸으로 데려가
떨리는 마음으로
그녀를 침대에 눕힌 다음에
주머니를 뒤져보니

이 모꼬~
10년이나 고이 간직했던
비아그라가 온데간데없능 기라

가만 생각해 보니
어제 입었던 옷에
두고 온 것 같아서

귀한 선물을 가지러 갔다 올 테니
잠시 기다리라 카고는
헐레벌떡 뛰어갔다 왔더니
가시나가 온데간데없어졌다 아이가

에고 가시나야
널 위해 10년이나 고이 간직했던
귀한 선물을 가져왔는데
그냥 가버리다니…

백 억짜리 아들 만들기 프로젝트

어느 날 나도 모르게
태어나 보니
우리 집은
찢어지게 가난한 집이었다

나는 크면서
100억을 모을 때까지
결혼도 안 하고
10원도 안 쓰겠다고 각오를 하고
이를 악물고
고군분투해가

결국
결국 100억을 모으는 데
성공했능 기라

이제 100억을
어떻게 쓸까 고민고민하다가
아들에게 물려주기로
결심했다 아이가

그런데 가만 생각해 보니

이 모꼬
돈 모으는 데 정신이 팔려가
아직 결혼을 몬 했다 아이가

안 되겠다 싶어
결혼정보 회사로 달려가
사정 이야기를 했더니
내 나이가 현재 70인데
아이를 가질 수 있는 여자는
30대에서 찾아야 카는데

아무리 돈이 많아도
30대가 70대와 결혼할
한국 여자는 없다 카면서

외국인 여성을 소개해 주겠다 카능 기라
그래 30대 외국인 여성과 결혼해가
100억을 물려줄 아들을 만들기 위해

첫날밤 거사를 치르다
아들 만들기 딱 3초 전에
젊은 마누라를 감당할 수 없어

그만 복상사하고 말았능 기라

3초만 더 버텼으면 야가
즈그 엄마 몸속으로 들어가는 데
성공하능 긴데

고걸 못 버티고
복상사하면서
쪼그라들더니
100억짜리 아들놈을 이불에
떨어뜨리고 말았다 아이가
아~ 쓰발~

사랑은 코맹맹이

톡톡 튀는 농구공처럼
튀어 오르던 여자가

어느 날인가부터
다소곳하게
내게 다가왔다

울리는 벨 소리에
왁자지껄 소음을
집어넣었던
그녀가

숨소리마저 고운 음색으로
나를 빨려들게 한다

사랑이 오려나
생각했는데
그냥 스쳐 지나가 버렸다

옆집 남자 손잡고
코맹맹이 소리와 함께…

가을에 떠난 여인

숙아~
니 생각나나~
비가 억수로 쏟아지는
어느 가을날

니는 빨강 우산 디비 쓰고
내는 다 찢어진
거지 같은 깜장우산 쓰고
부산 정거장에서 만나가꼬
이별의 키스를 장열하게 나눠써따 아이가~

그때 니 입에서는 마
자갈치 시장에서
마지막 떨이로 반값에 사 묵은
썩은 생선 냄새에
덜 소화된 더러운 쐬주 냄새가
내를 토하게 했지만도
꾹꾹 참았따 아이가~

그뿐이가~
역전 다방의 가스나 용 벤소깐 앞에서
수많은 가시내들의 눈총을

받아가면서도 꿋꿋하게
니 짝퉁 가방을
자랑스럽게 들어줬었째

그래 충성을 다해껀만
니는 내를 버리고
쏟아지는 가을비 쏙으로
사라져 가삐따 아이가~

참말로 니 추억은 더러운 것들
뿐이었능기라~

그카는데도 가을비가 추적추적
내리싼는 이 밤에 니가 드럽게
보구 싶으니 내 우짜믄 좋노~

꿈꾸는 낙원

미스유니버스 출신
마누라에
수십만 평의 정원과
집 앞에 펼쳐진
동해바다 망망대해

그리고
방이 아흔아홉 개 딸린
대저택 마당에는
수영장과 골프장

수십 명의 도우미
아지매 아재들
창고 안에 가득 쌓인
골드바

꿈만 꾸다
팔순이 낼 모렌데
더 꿀까 깰까
에이~ 그래도
구순까지는
꾸어봐야 될 꺼 아이가

노처녀의 추석

추석이 와가꼬
시골집에 갈라고 생각하니
언제 시집 갈 끼냐꼬
일가친척들의 성화가
빗발칠 꺼 같애가

회사가 바빠가꼬
몬 간다꼬 엄마한테
말했더니

외삼촌이
윗동네 잘생기고
듬직한 청년이 있는데
이번 추석에
서울에서 내려온다
카믄서

내를 소개시켜 주기로
했다 카능 기라
그걸 진작 이야기했으모
퍼뜩 내려갔을 거 아이가 에이잉~

서둘러 목욕탕으로
헤어샵으로 성형외과로
때 빼고 광내고
그 비싼 보톡스까지 맞고
내려갔능 기라

드디어 추석날 오후
외삼촌 소개로
약속 장소에 나갔더니
이 모꼬 10년 전에 헤어졌던
남친이 앉아 있능 기라

니 아직까지 장가 안 갔나
카니까 내 애 딸린 미혼부라서
장개를 몬 갔다 카능 기라

그기 몬 소리고 카고 물으니
나랑 헤어지고 홧김에 사고를 쳐서
열 살짜리 아들이 있다능 기라

그 사고 진즉에 내한테 치지
이런 문디 자슥이 있나~

한여름 밤의 꿈

드디어 여름이 왔다
이글거리는 태양
지글지글 끓는 지구
내 마음에도 정열이
불타오른다

이 정열을 불태워 줄
그녀를 찾아 해변가로
계곡으로 두리번거리다

늦은 저녁
해변가 모래톱에서
술과 함께 낭만의
바다를 유린할 즈음

어디선가 불쑥 나타난
플라밍고의 여인이
비키니의 닐 신 몸매로
내게 다가와
춤을 청하고

나는 황홀한 미소로

그녀를 향해 서서히
다가간다

그리고 정열의
쌈바춤을 추며
그녀를 유혹하고
내 매력에 흠뻑 빠진
그녀는 내 손끝이 가는 대로
몸을 맡긴다

드디어 둘의 심장이
불타올라 용광로의 쇳물을
녹일 즈음 내 혀는 그녀의
입속에서 달콤한 향기를
전해주고 그녀의 향기에 취한 나는
그녀를 끌어안고 모래 바닥을
딩군다

이제 서로의 탐닉을 끝내고
홍콩행 비행기에 오르려는 찰나
차가운 파도가 내 머리를
적신다

깜짝 놀라 눈을 뜬 순간

헉~
내 주위에 널브러진 소주병과
안주로 삼았을 치킨 쪼가리
그리고 밤새 끌어안고 춤을
추었던 파도에 휩쓸려온
여자 마네킹
아 또 꿈이었군~

술의 미학

장맛비는 쏟아지고
날은 어둑어둑한데
내 사랑이 고파가꼬
술집에 갔능 기라

빗물을 안주 삼아
막걸리 서너 병 처묵꼬
밖에 나오니까
길거리 온 천지에
미스코리아들만
돌아 댕기능 기라

그래 내 추녀 밑에
앉아가꼬 미스코리아 감상하다
졸리가 집에 드가 디비 자고
아침에 일라가꼬
해장국 묵으러
밖에 나갔더니

밤새 미스코리아는
다 이사 가뿔고
곰보 째보들이

이사 와가꼬
돌아댕기능 기라

에고 내 억쑤로 슬퍼가
해장국 처묵으매
막걸리로 해장하고
밖에 나오니
미스코리아들이 다시 이사 온 기라
역시 술이 좋긴 좋다 아이가

드디어 쌍둥이 아빠가 되다

저희는 오늘부로
부부가 되었음을 선언합니다
그동안 저를 흠모해 주셨던 여성 여러분
대단히 죄송합니다

결국 이렇게 되고 말았습니다
어찌어찌하다 보니
넘어서는 안 될 선을 넘었고
그녀와 동침한 게 엊그제 같은데
오늘 쌍둥이를 낳고 말았습니다

큰아이 이름은 콜록콜록으로 지었습니다
1초 늦게 나온 둘째 아이 이름은
온몸 막 쑤셔로 지었어요
우리 아이들 이름 예쁘죠

축하는 하지 말아주세요
저는 죽을 맛이니까요

그럼 이만 행복들 하세요
저는 애들 간식 만들러 갑니다
아이들이 제가 손수 만든
쌍화탕을 좋아하거든요

미코 출신 흡혈귀

비는 오고
날씨는 꼬질꼬질
후덥지근하게 내 옷을 벗겨내길래
팬티 바람으로 막걸리와
주거니 받거니 하고 있는데
갑자기 누가 노크도 없이
울 집으로 들어오능 기라

깜짝 놀래가 자세히 보니
미스코리아 뺨치는
늘씬한 지지바가
사뿐사뿐 날듯 뛰듯 우아하게
들어오는 기라

하도 어이가 없어가꼬
야~ 이 문디 가시나야
내가 빨가벗고 있었으면
우찔라고 노크도 없이 들이 오냐고
소리쳤더니

이 집에서 하도 맛있는 냄새가 나서
도저히 참을 수가 없어서

무단침입을 했다고 하면서
달려오더니 다짜고짜 내를 쪽쪽 빨아대는 기라

간지럽고 좋기도 하면서 남사시럽기도 하고
너무 세게 쪽쪽 빨아대서 그런가
야릇한 흥분이 되면서도 톡 쏘는 느낌이 들어
이제 그만 빨아대라고 소리쳤더니
미안하다 카면서
내일 다시 오겠다며 가버리는 기라

장어 먹고 기껏 몸보신해 놓았더니
엉뚱한 년이 와서
다 빨아 처묵고 가버리네

내 알몸도 보고
몸을 섞었으면 책임져야지
책임도 못 질 거면서
왜 몸을 섞고 지랄이야
그러고 나서 어딜 도망가니
이 나쁜 가시나야

에이~왕모기 역수로 나쁜 가시나

흔적

나는 오늘도
그녀의 택시를 기다린다

얼마 전에 술 처묵고 탔던 택시

거기서 내 흔적을
찾으려 한다

토하며 빠진 금이빨을…

드디어 드디어 드디어…

자기야!
나 드디어 이혼했어
축하해 줘

우리 빨리 결혼하자

그대는 나의 교주

그대를 위해 찬송가를 부르고
그대를 위해 염불을 외며 목탁을 두드리고
그대를 위해 날 선 작두를 타고 싶습니다
그러니 어서 오셔서 나의 교주가 되어 주세요

바닷물이 억수로 짠 이유

바다야 니는 알고 있제
작년 여름에 해수욕하면서

바닷물에 오줌 싼 아지매들
그래서 그런지 바닷물이
억수로 짜다 아이가…

그놈이 토꼈다

아~
잘 잤다

근데 같이 잔 놈은
어디 갔지
토꼈나?

어젯밤에는
결혼해 달라고
그렇게 애원하더니…

도둑맞은 그녀

저 멀리 보이는 망망대해 속으로
떠나고 싶은데

같이 가기로 한 그녀가
어제 시집갔다네

거기까지 우리를
데려다주기로 한 선장한테로…

아는 언제 만들지…

하늘에서 천사가 내려오는 줄 알았다
그녀가 높은 곳에서 발을 헛디뎌 떨어진 것이다

그녀가 외친다
퍼뜩 와가꼬 받아 주이소

떨어져서 허리 부러지면 밤일 몬 해예
그 말에 나도 모르게
죽을힘을 다해 뛰어가다
돌부리에 걸려 넘어지고 말았다

둘이 같이 병원에 누워 있는데
10년째 손만 잡고 있다
아는 언제 만들지…

인연의 덫

비 오는 거리에서
그녀를 처음 만났다

그 이후로도
우리는 가끔 마주쳤다

인연인 줄 알았다

용기 내어 말을 걸었다
알고 보니 빚쟁이였다

10년 전 술집 외상값
181,818원 갚으란다

그녀는 그때 그 술집
사장님이었다

사랑

사랑은 참 대단하다
70억의 인구를 만들었으니까

근데 와 내만 못 만들고 있노
등신같이…

얼라 만드는 비법

친구가 보리밭에서
얼라를 만들었다 캐서

보리밭에 왔는데

한 놈도 안 오네
나 혼자 우째 만들라고

불금인데…

봄바람 1

앗!
봄이다
집 나가자
바람나러…

그 후로
춘자는 돌아오지 않았다

기다리는 늑대는 오지 앙코

숙아!
니 아직도
늑대를 기다리나

니 첫 번째 늑대는
울 동네 킹카여쩨
더벅머리 휘날리며 도끼빗 꽂고
다니던 덕팔이 형

동네 가시나들이
뻑 갔다 아이가
근데 순실이한테 뺏끼쩨

이혼하자마자
영자가 잽싸게 채 가따 카더라

니 두 번째 늑대는
고등핵꾜 국어 쌤이여쩨~
혼자 살긴 하는데
집이 공동묘지 옆 요양병원 5인실이란다

세 번째 늑대는
교회 옵빠여쩨
이혼은 했는데
알코올 중독이라
수족을 덜덜덜 떨고 다닌다 카더라

그만 기다리라
니한테 백마 탄 왕자는
인자 내밖에 엄따 아이가

쉿!
니만 알고 있그라
내 니 기다리다
아직도 숫총각이데이

그 옛날 그때처럼

어제는 그 옛날
내 가슴 뛰게 했던
여고생을 보았습니다

버스 정류장에서
서점 안에서 빵집 앞에서

청순한 그녀를 볼 때마다
내 가슴은 쿵쾅거렸죠

어쩌다 길에서 마주칠 때면
달아오른 얼굴 숨기려
딴청 피우느라 눈으로 땅을 파며 걸어가던 소년
그 소녀를 향한 쪽지가 수백 장
아직도 부치지 못한 편지가 벽장 가득한데
그 여고생이 세상 한 바퀴 돌고 다시 돌아와
지금 내 눈 앞에 서 있습니다
나 다시 가슴이 뛰고 있습니다
그 옛날 그때처럼…

나는 그대의 일등 신랑감

첫 번째 그대에게 만들어 줄 요리 솜씨가 호텔 셰프 수준

두 번째 그대에게 사랑의 세레나데를 불러 줄 노래 솜씨가 BTS 수준

세 번째 세상을 여행하면서 들려줄 아름답고 감미로운 이야기들이 인문학 강사 수준

네 번째 러브레터로 그대의 심금을 울려 줄 글솜씨가 유명 작가 수준

다섯 번째 그대를 사랑으로 감싸안아 줄 깊이가 한도 없고 끝도 없으니
한 번 빠지면 못 나와
그러니 난 일등 신랑감! 더 이상 말해 뭐해~

단지 쬐끄만 아주아주 콩알만 한 흠이 있다면
밤일이 도끼 사촌이라는 거 던지 고거지 뭐
고거 아주아주 쬐끄만 한 거…

속궁합

드디어 드디어 드디어!
속궁합을 맞추러 가는 날이다
월급 탄 돈 빵빵하게
지갑에 가득 채우고
그녀에게 환심을 사기 위해
목욕재계하고
그녀가 환장할 머스크 향의 스킨로션을 바르고
한 걸음 한 걸음
그녀에게 다가가
그녀를 내 품에 안는 순간
놀래 자빠지고 말았다 아이가
그동안 헬스장에서
그녀를 생각하며 온갖 근육을 만들며
롱롱 타임을 선물할라꼬 억수로 노력했는데
10초를 못 버티고 그녀를 내려놓았다 아이가
이런 된장 짜장 꼬추장이 있나

홍시

홍시를 보니 생각난다
누군가는 엄마가 생간난다 카는데
난 왜 울 아빠가 생각이 나지?
아!
맞아 맞아
울 아빠가 작은마누라한테 가는데
쫄래쫄래 따라갔더니
내가 엄마한테 고자질할까 봐
작은마누라네 집 감나무에서
홍시를 따서 내한테 주면서
입막음했었지
음~
그러고 보니
내 작은마누라한테두
뒷마당에 감나무 심으라고
해야겠군
아들놈이 언제 들이닥칠지 모르니…

썩은 꼬추씨

오~ 주여!
노처녀를 지나
이제 내일이면 폐경입니다

그러니
오늘 꼬~ 옥
썩은 꼬추씨라도 보내 주세요

제가 어떻게든 살려 볼게요
흑흑…

동서양의 대결

아~
여보세요?
누구세요?
카사노바다
옹녀 쫌 바까 봐라
누가 이길까
개봉박두!!!

현모양처 구함

허구한 날
술이 떡이 돼 가꼬 들어와
자다가 이불에 오줌 싸는 여자
뭐에 한이 맺혔는지
밤마다 이를 뿌드득뿌드득 갈면서
세상 모르고 처자빠져 자는 여자
그래도 일어나면
누런 이빨로 입맞춤하면서
아침밥은 꼬박꼬박 해 주고 또 처자빠져 자는 여자
어디 없나요

봄 키스가 전해 준 이별

새봄 누군가의 체온이 그리워
길을 나섰다

뚜벅뚜벅 걸어가는
내 머리 위로
비둘기의 체온이 느껴진다

순간
머리에 따뜻함이 전해지면서
희뿌연 국물이 이마를 타고
콧잔등 위를 굴러
입술에 키스를 한다

사랑이 그리워서
나왔는데 비둘기가 먼저
인사를 한다

비둘기 똥을 뱉어 내고
눈을 흘기는 순간
마주 오던 처녀에게
똥질을 한다

어멋! 하며
피하려고 몸을 돌리다
내 발을 밟고 말았다

발이 너무 아파 기우뚱하며 중심을 잃고
쓰러지려는데
그녀가 나를 껴안고 안간힘을 쓰다
부둥켜안고 같이 쓰러지고 말았다

순간 그녀의 향기가 내 코를
간지럽히며 몽롱하게 만들어
나도 모르게 그녀의 입술에
입맞춤하는 순간

앗!
똥냄새!
지금 뭐하시는 거예욧!
똥 묻은 입술로!
그 뒤는 뻔하지 뭐
똥 묻은 놈을 누가 좋아하겠어…

사랑 너 자꾸 그럴래?

어제 세 번째 사랑과
이별을 고했다
슬픔이 밀려온다

사랑은 나한테 오기만 하면
떠나려고 한다
그것이 사랑의 습성인가 보다

지키려고 무던히
애를 써 보지만 소용이 없다

이제 방법은 하나
사랑을 안 하는 거지 뭐

그런데 사랑이 또 찾아왔다
그래서 거절했다

그런데 기적이 일어났다
사랑이 사랑이 지금까지 버티고 있다
애를 12명이나 만들어 놓고…

아~
저 많은 애들을 어떻게 먹여 살리지…

인연

나는
오늘도
인연을 기다린다

어제 그가
인연일까

내일의 그가
인연일까

이미
스쳐 지나간 것은 아닐까

질긴 인연

회사에서 퇴근해가 버스를 타러 가는데
내 앞에 억수로 이쁘고 늘씬한 가시나가
바바리 깃을 세우고 섹시한 모습으로
걸어가능 기라

스산한 가을바람이 내 마음을 쓸쓸하게 해가
외로움 쫌 달래 볼 생각으로 쫄래쫄래 따라간 기라
그래 가까이 가 가꼬 말을 붙일라꼬 쳐다보니

오~ 노우~
3년 전에 이혼한 내 마누라인 기라
이런 된장 짜장 꼬추장이 있나
내일은 퇴근길에 꼬옥 안경점에 들러야겠다
왕 돋보기 맞추러…

죽어서 세계 일주

내 꿈은 세계 일주다
그런데 아직, 아직도 못하고 있다
그래서 죽어서 하기로 했다.
살아생전엔 걸어서 전국 일주 하다가
더는 걷지 못하게 될 때
조용히 바다로 굴러 들어가
광어에게 내 살 한 점 떼어주며
"미국 앞바다까지 데려다주렴."
자유의 여신상 구경하고 우럭에게 또 한 점 떼어주며
"프랑스 앞바다에 데려다줘."
세느강을 지나 에펠탑 아래 누워보고
고등어에겐 남극을 부탁한다.
"내 살 한 점 남극으로 실어다 줘.
펭귄들과 춤이라도 한바탕 추고 싶어."
돌고래에겐 갈비뼈 하나 물려주며
"태평양 한복판에 떨궈줘.
끝없는 수평선, 그 망망대해가 보고 싶어."
그러다 언젠가 바다 어딘가를 떠돌던
내 작은 뼈다귀 하나 우연히 만나게 되면
이산가족 재회하듯 서로 얼싸안고 소리 없이 울게 되겠지
그렇게라도 나는 세계를 돌고
세계는 내게 스며들리라

배가 고파서 밥 대신 마누라를 먹었더니
배가 더 고프다

아침에 일어나니 먹을 게 없다 그런데 마누라는 먹었단다 그래서 밥 먹은 마누라를 먹었더니 배가 더 고프다
희한하다

오빠의 구멍 파기

우리 오빠는 구멍 파기의 달인이다 오늘도 파고 있다 그런데 왜 내게 있는 더 좋은 구멍은 그냥 놔두고 자기 콧구멍만 파는지 모르겠다

산속에 쓰러진 과부

산속에 과부가 쓰러져 있다
앉아서 쉬를 하고 있는데
뱀이 하필 거기를 물었단다
할 수 없이 입으로 빨아서 독을 뽑아 주었다 고맙다며 산을 내려가던 과부가 잠시 후 다시 돌아와 뱀에게 또 물렸다고 또 빨아 달란다 그것도 똑같은 그곳을… 지린내 엄청 나던데…

떡집에서 떡 치다가

떡집에 취직했다
첫 출근 하자마자 떡을 치란다 떡매로 떡을 치고 있는데 저쪽에서 순옥이가 거기도 와서 쳐 달란다 급하게 달려가다 넘어지면서 순옥이를 치고 말았다 기절한 순옥이를 살리려고 심장 마사지를 해 주고 있는데 다 나은 거 같은데 아직도 안 일어난다 나도 모른 척 순옥이 가슴에서 손을 못 떼고 있다

목욕하는 옆집 여자

김 서린 창 너머 실루엣 한 폭,
비누칠이 예술이라면 그녀는 거장

샤워기 소리엔 리듬감이 있고,
허공을 나는 타월은 무용수 같지
커튼 너머에는 관찰 아닌 감상 중,
코피는 안 나도 심장은 바운스

그런데 우리 엄마 등장,
"뭐 보니?"

"예술이야, 엄마… 인체 예술…"
그날 이후, 커튼은 두 겹이 되었다

장독대에서 생긴 일

된장 익는 냄새보다 진했던 그날 밤, 장독대 옆에서 누군가 속삭였지 "이장님, 장은 잘 익었슈?" "글쎄, 손 한번 넣어봐야 알겠지~" 그 말에 내 손에 닿은 건 된장이 아니라 뜨끈한 방망이였어 그날 장독대엔 별이 셋, 달이 둘, 숨소리는 셋도 아니고 넷 같더라 누가 누굴 숙성시킨 건지 고추장이 빨개졌는지, 내 얼굴이 빨개졌는지 그건 아직도 미스터리 장독 뚜껑 하나 열렸다 하면 그 앞에서 꼭 누군가 고무줄을 튕겨 그게 허리끈인지, 속옷 끈인지 이장님만 알고 있지. "아이고~ 된장 잘 뒤적이셨슈?" "예~ 오늘은 좀… 묵직했네요" 이건 절대 요리 얘기 아니잖아…

바람난 마누라

언제부턴가 마누라가 수상하다 틈틈이 그놈을 만나는 것 같다 미행을 시작했다 미행 3일째 드디어 모텔로 들어간다 따라 들어갔다 705호로 들어간다
심장이 멎는 것 같다 그 순간 어디선가 아흐 아흐흥 괴성이 들린다 그 소리를 듣는 순간 주책없이 그놈이 대빵 커진다 마음을 가라앉히고 처들어갔다 마누라가 알몸으로 누워서 여보! 어서 와 자기가 하도 안 해줘서 유혹했어 그 소릴 듣자마자 그놈이 죽어버렸다 이거 뭐지?
그녀를 볼 때마다 서서 결혼한 건데 이젠 그녀를 볼 때마다 죽어버리다니…

경력직 연애 모집

조건: 전 남친 미련 없음
연봉: 하루 세 번 입맞춤
복지: 매주 침대 회의, 월 1회 야외 연애
　　　지원자는 사진 대신 첫날밤 시나리오 제출
　　　포트폴리오엔 과거 키스 스킬 명시 요망

밤의 철학

밤 열두 시, 철학책 펴고
옆엔 네 사진, 윗도리 벗고
지혜도 욕망도 한 페이지에 눌러앉아
"칸트여, 너도 외로웠니?"
내 손은 책을 넘기다
자꾸 엉뚱한 곳을 짚어
도덕은 참 어렵다

야한 시 읽기 금지

야한 시를 읽던 그 밤
엄마가 방에 들어왔다
나는 책을 들고 외쳤다
"이건 예술이에요! 표현의 자유!"
엄마는 말했다
"그래도 바지는 입고 읽자"
그날 이후 나는 독서대를 샀다

소주 한 병, 추억 두 병

편의점 앞에서 소주 한 병
혼자 까고 있는데
옆 테이블 아줌마가
"니 혹시 춘자 아들 아인교?"
헉… 춘자?
내 첫사랑 이름인데…
"아줌마… 아드님 아부지는… 혹시…"
그 아줌마, 소주를 탁 내려놓더니
"니라 카면 맞을 끼다"
소주가 쓰디쓰다…
DNA 검사비는 누가 내노?

조개껍데기 열렸네

조개껍데기 열렸네
누가 열었을까?
해녀 아줌마 "이놈들아! 그건 내 점심이야!"
근데 왜 안에 팬티가 있지?
누가 벗어두고 수영 갔나 본데…
조개도 당황했겠다
"이거… 내 껍질 아닌데…?"

야한 상상

퇴근길 음악 속
가사가 너무 야해
그걸 들으며 웃는 나
아무도 모른다, 내 머릿속은 불타는 중

1억 명의 내 얼라들 불쌍해서 우야꼬

숙아~
초겨울 깊은 밤
산속 방갈로에서

추위에 떨며
오들거릴 때

니 시퍼런 입술이
안타까워가
포개준 거뿐인데

책임지라꼬
내를 끌어앉꼬
울매 불매
욱빡찌르던 니가
우예 갑자기
돌아서서 가뿐나

내만 30년째
아린 가슴
시리게
살고 이따 아이가~

그때 아를 하나
맹기러써야 카능 긴데
내 맘 약해가꼬

주딩이만 덮치고만
내가 바보였능 기라

결국 니를 호시탐탐 노리던
광식이 형이
아를 맹길어 조가꼬
둘이 야반도주해따 소리
들었을 때
잠 안 오드라~

닐 덮칠 기회는
광식이 형보다
내가 훨씬 더
많이써띠 이이기·

그 뒤로 니
갈라서딴 소리 드꼬

이제나 저제나
니 오면 선물할라꼬
고이고이 간직했던

1억 명의
내 금쪽같은 새끼들을
니 생각하다가
욱하는 바람에 그만
의지할 때 한 곳 없는

저 망망대해로
떠내려 보내고
마라따 아이가~

니가 갸들의
어무이가 됐어야 카능 긴데
불쌍한 내 새끼들~ 크흐흑~

청상 과붓집 머슴살이

옛말에 같은 값이면
과붓집 머슴살이가 나따 캐서
내사 마 배운 기술도 엄꼬 해서
청상 과붓집 머슴살이를
시작했능 기라

울 마님은 나이 삼십에
청상과부가 되따 카데예

이뿌긴 억쑤로 이뻐가꼬
서방복은 와 그리 없는지
서방님이 3년 전에
요절해따 카는데
불쌍타 아잉교~

그래 내 쪼매
도와줄라꼬 갔더이마는
안방을 원빈이라 카는 아가
차지하고 있능 기라요

그래가 원빈이는 부인이
있따꼬 소문 들었는데

울 마님이랑 바람이 났구나

질투심이 폭팔해가
원빈이 내 이노므 자슥을
즈그 부인한테 저나해가꼬
폭로할라꼬 하는 찰나

원빈아!
산책가자 카믄서
아씨마님이 안방에서
나오는디 쪼매난 강아지 새끼가
쫄랑쫄랑 따라 나오능 기라

그카는데 안방마님 왈
원빈아!
아재한테 인사해야지
이번에 우리 집에 새로온
머슴 아재데이~
니 엄마 엄쓸 때 똥 마려우모
저 아재보고 밑 따까달라 카래이
카믄서 안고 나가능 기라~

엥~ 그라모 안방마님이
망측하고로 개자슥과

갤혼해가꼬 강아지를 나땀 말이가~
저 이쁜 안빵마님이~ 헐~

시상에 요즘 여기저기서
말세라 카더니만
인자는 사람하구 강아지하구
갤혼하는 세상이 와땀 말이고~

내는 사람인데도 아직 갤혼도
몬 하고 있는데
원빈이 아부지는
강아지가 복도 많아가
저 이쁜 안방마님과
갤혼해가 강아지 같이 생긴 얼라도 낳고
우쌔 세상이 이리노
혼란시럽다냐

더 열받능 건 이노모 자슥이
아씨마님 품에서

아씨를 물고 빨고 핥고
내가 해야 될 일을
지가 하고 있능 기라

그런대도 나는 와 마님만
보모는 심장이 벌렁벌렁캐
싼는지 모르겠능 기라

그라모 몬생기따꼬
인간 가스나들이 쳐다도 안 보는
내도 갤국 강아지랑
갤혼을 해야 한단 말이고
내 우찌해야 하노~

선술집

삶에 지친 몸
위로하려

시장통 어귀
선술집에 앉아

찌그러진
양은 냄비
두들기며

비계 한 점에
김치 얹어서
탁주 한 사발
들이켜니

세상 시름이
비계 타고
괴기로 흐른다

하루

오늘 또 하루가 간다
내일이면 어제가 될 하루
하루살이

우리는 미래를 꿈꾸지만
그 안에 내일은 없다
오늘이 우리를 지배하니까

삶은 각자일지라도
하루의 길이는 같다
세상에 갇힌 시간이

고요한 이 새벽
오늘의 하루가
다시 밀려오고 있다

내 꿈도 오늘 하루가
내 청춘도 오늘 하루가
내 미래도 오늘 하루가
만지작거리고 있다

하루를 또 이렇게
반갑지도 않게
슬프지도 않게
그냥 만나고 있구나

그리움 한 조각

가슴속
한 모퉁이에

드리워진
그림자

거기
허전한 구석
한 모퉁이에

울고 있는
마음 한 조각

아직도 내겐
채울 수 없는
그리움이

가슴속
한 모퉁이에
한 조각
남아있다

봄바람 2

봄바람이 분다
내 가슴에

님의 향기가 난다
봄바람 속에서

바람에 실려 오는
님의 소리가 들린다

님은 벌써 가고 없다
여름을 만나러

내 마음만
봄바람에 살랑거린다

할머니의 벤츠

파아란 들판 사이로
털털거리며
울렁울렁 기어가는
경운기

그 뒤 적재함에
연분홍 양산 쓰고
앉은 할머니

살포시 웃는 얼굴엔
벤츠보다 더 좋은
할아버지의 경운기~

가을 남자

머리부터 기르자
더부룩하게
수염도 길러야지
덥수룩하게
그리고 바바리코트도 사야지
깃 세우고 걸어보게

연기 연습도 해야지
우수에 잠긴 모습
파이프 담배도 물고
낙엽 밟으며 걸어보자

스치는 여인에게
우수에 잠긴 눈망울로
날 잡아 잡수
윙크도 한번 해보고
가을 남자가 되어보자

감나무집 순덕이 누나

울 동네
감나무집 순덕이라 카는
엄청시리 이쁜 누나가
있었능 기라

워낙 미모가 출중하다 보이까내
동네 헹님들이 침을 질질 흘리고
다녀 쌌능 기라

그카는데 유독 내만 누우런
코를 질질 흘리고 댕기따 아이가

동네 헹님들이 내만 보모
아야 내 편지 좀 순덕이 누나
전해 주구라 호떡 사주께
그카모 내는 호떡 얻어 쳐묵는
재미로 연애편지 전해주고
그캐따 아이가

오늘도 춘식이 헹님 핀지를
가따주니까 또 춘식 옵빠야
편지 가왔나 담부턴 가오지 마라
춘식 옵빠야는 내 스타일 아이다 카믄서

내한테 연시도 주고 그캤다 아이가

그러다 내 군대 간다 카니까
찔찔 울매 니가 다섯 살만 더 쳐묵었어도
딱 내 스타일인데 이카능 기라

그카믄서 이별주 한잔 사주께
장에 가자 캐서 장에 가가꼬
누나가 주는 이별주를
한 잔 두 잔 얻어묵다 보이
고주망태가 되가꼬 잠들어 뿡기라

그래 한참을 자다가 일라보이
누나는 안 보이고 술집이 아닌
상여 집에 누워있능 기라

참말로 이상타 카믄서
군대 가따 오니까

그래 싫타꼬 고개 절레절레
흔들던 춘식이 성이랑
갤혼해가 얼라를 낳았는데
우째 야가 나랑 똑같이
생긴노 참말로 희한테이

해돋이 갔다가 해 보지도 몬하고

대망의 닭띠 해를 맞이해가꼬
여친과 함께 해돋이 여행을 갔능 기라

자동차가 억수로 밀리가
5시간 만에 겨우
동해 바닷가에 도착해
예약한 펜션에 여장을 풀고
오랜만에 바다를 만끽하며
싱싱한 회도 맛나게 쳐묵고 놀다가
숙소에 들어 왔능 기라

그래 숙소에서 와인으로
기분 쫌 내고 나니 알딸딸한 데다가
만난 지 1년 만에
드디어 여친과 단둘이
한 방에서 잠을 잔다는 게
믿어지지가 않능 기라

그래 황홀함에 젖어 있는데
여친이 밤도 늦었고
내일 아침 해돋이 볼라카모
일찍 자야 하니 샤워하고 오라카능 기라

아~ 드디어 사귄 지 1년 만에
만리장성을 쌓는구나 생각하니
억수로 흥분되고 황홀해가
기쁨의 눈물이 주루룩 흘러 내리능 기라

그래 가슴이 두근 반 세근 반 하는 것을 억누르며
샤워하러 욕실로 드가서

룰루랄라 룰루랄라
샤워를 시작했능 기라
치카치카 양치질을 하고
온몸에 향기로운 비누칠을 하고
따뜻한 물줄기에 온몸이
노곤함을 느끼던 중
갑자기 물이 안 나오능 기라

그래 샤워 꼭지를 이리저리
돌려보고 있는데
갑자기 용광로같이 뜨거운 물이
쏟아지능 기라

그 순간 으아악~ 하고

내 혼절하고 말았다 아이가

한참 후 깨어나 보니
병원에 누워있는데
으헉~ 이 모꼬~
내 꼬추에 붕대가 칭칭 감겨져 있능 기라

아~ 1년 만에 얻은 기회가
해 보지도 몬하고
이레 물거품이 되다니
으아앙~ 몰라몰라~

하늘이 준 선물

난 벌써 10년째 산에 올라
기도를 하고 있다

그러던 어느 날
퇴근해가 집에 왔더니
마누라가 저녁밥 묵고는
수박을 내놓으며
묵으라 카능 기라

그래 수박을 묵꼬 있는데
마누라가 드디어 얼라를 가졌다 카능 기라

얼매나 기쁘고 좋은지
하느님 부처님 마눌님
억쑤로 고맙씸니더 카매
감사 인사를 하고 생각하다

'보소~
내 10년 전에
산에 가서 쉬하다가
뱀한테 꼬추를 물리가꼬
씨 없는 수박이 됐는데

우째 얼라를 가질 수 있노' 캐떠니

'여보! 당신이 지금 그런 거 따질 때가 아이다
10년 만에 얼라 생긴 것을
감사하기에도 벅차다

그라고
당신 방금
씨 없는 수박 묵어째
수박도 씨 없는 수박이 있듯이
사람도 마찬가지다' 카능 기라

그랑가 카고는 잠이 들었는데
그날 밤 잠결에 마누라가
'휴우~
와 그런 걸 묻고 지랄이고
내 간 떨어질 뻔해따 아이가' 이카능 기라~

낸 기도 덕인 줄 알았는데~
에이~ 7대 독자 생긴 게 어데고~~~

마당쇠의 일생

태어나서
처음으로 사랑을
느꼈다

가스나는 내게
밥또 주고 옷또 주고
사랑도 주능 기라

언젠가는 내게
생일선물이라 카며
마이카도 사 주더라카이

내 감격해 고마워가꼬
질질 짜매
충성을 맹세해따 아이가

그라던 어느 날
그 모든 돈이
내 월급에서 나간다 카는 사실을
깨닫게 된능 기라

결국 내가 내한테

사준 거 아이가
그런데 와 가스나한테
감격했는지 희한항 기라

오늘은 와 내 돈을 지 돈 맹키로 쓰면서
선심 쓰듯이 쓰는지 물어볼라꼬
퇴근해 집에 드가자마자
물었더니

바로 입술 박치기로
입막음 해뿌는데
고 참말로 달콤하데

에고~ 우짜노
내 이레 살 수밖에

명품빽의 슬픈 추억

내 갑자기
옛 추억이 그리워가꼬
겨울 바닷가에 와 가
먼바다를 바라보며 옛 추억에 젖어 있는데

코끝을 스치는 향기에
내도 모르게 고개를 돌리는 순간
눈앞으로 천상에서나 볼 수 있을
절세미녀가 지나가는 기라

이래 이쁜 가시나는 내 60년 만에 처음 보는데
스쳐 지나가는 그녀를 보고 있노라니
오금이 저리고
심장이 터질 것 같아
겨우 맘을 진정시키며
슬금슬금 뒤쫓아 가
뭐라 말을 걸을까 궁리하다

보소 아가씨요
요 앞 쇼핑몰에서
명품 가방을 세일한다 카는데
우리 구경이나 함 가보입시더 캐떠니

아무 말 없이 생글생글 웃으며
따라오는데
내 간이 오들오들 녹아서
세상을 다 주고 싶응 기라

내 60년 만에 이런 절세미녀를
만났는데 이 기회 놓치모
다시 60년을 기다려야 카는데
그라모 내 나이 120살 아이가~

그래 내 안 되겠다 싶어서
갑부인 척 허풍 쫌 떨매
맘대로 골라 보라 캐떠니
루이~ 뭐시라 카능 걸 고르능 기라

내 폼 딱 잡고 계산대에 가서
계산 쫌 해주이소 카고
카드를 줬더니

헉~
한도가 모자란다 카능 기라
우짜겠노 엎질러진 물인데

카드 한 개를 더 줬더니
그래도 모자란다 카능 기라

결국 카드 다섯 개 한도를
다 쓰고서야 사줬능 기라
소꼬리 가죽 한 개만 베껴도
충분히 만들 콩만 한 가방이
우째 이리도 비싸노~
으~ 띠발~

그카는데 내일은
재벌들만 간다꼬 하는
백화점에 가서
명품 버~~ 머라 카는
코트를 사달라 이카능 기라

내일 코트까지 사주고 나모
모래부터는 굶고 살아야 할 낀데
갑자기 미쿡으로 출장 가게 되가꼬
못 나간다 캐야 하나

내 이 우째야 하노~
크흐흑~~~

구봉산 처녀 귀신

산나물 캐믄서
아홉 구비 도는
구봉산 산길 따라
걷다 보이

배는 고프고
칠흑 같은 어둠은 다가오고
쉴 곳 없는 산중에
홀애비 늑대는 우짖는데

옴마야~
모 이래 잘생긴 인간 늑대가
이 깊은 산중에서
낼로 모린 척 하고
그냥 지나가노
문디 자슥~

내 이래 뵈도
소싯적에 울 동네에서
젤로 이쁘다꼬
소문 나써따 아이가

심심산골 쪼매난 동네라서
여자가 시 명바께 음써찌만도~

그캐도 시 명 중에 젤 이뿡게 어디고

세 여자가 누구냐 카모
울 할매 울 어매 그라고 나 아이가
할매랑 어매는 60년 넘게
분 바르고 살았는데도
내 미모를 몬 따라오대~

그라이 당근 내가
최고로 이쁠 수밖에

내 잠시 잘생긴 늑대는 이자뿌고
산나물 캐가꼬
집에 갔드만

이 무신 횡재고~
그노마가 떡하이
울 집 마루에
앉아 있능 기라
내 마 심장 멎을 뻔해따 아이가

자초지종 물어보이
마 등산 왔다가
길을 이자뿌따 카능 기라

옴마야~
이 웬 떡이고

오늘은
할매 어매 다 서울 잔칫집 가가꼬
매칠 이따가 온다 캐쓰이
내 이노마를 오늘 잡아묵으야
처녀 귀신 면한다 아이가

이 기회 놓치모
내 환갑 전에
이 깊은 산중에
길 잃코 찾아올 놈 또 음씰 끼라

마 이래 가슴 벅찬 날은 첨잉 기라
숫처녀 독립 만세다 카이

퍼뜩 캐가온 산나물 데치가
된장에 국 끓이고
꼬치장에 무치고

강냉이밥 맛나게 해가꼬
할매가 담가놓은
동동주 밥상에 올리가

진수성찬을 대접했능 기라

이누마 밥 쳐묵능 거 자세히 보이 마
이래 잘생긴 훤훤 장부가 따로 엄능 기라
내 홀딱 반해가 퍼뜩 개울가로 달리 가가꼬
목욕재계해가 첫날밤 치를 준비해가꼬
한걸음에 달려 왔드만

이 머꼬
이누마 술이 떡이 되가꼬
인사불성이 되어있능 기라

그래 마 깨울라꼬
꼬집고 할키고 뺄 지랄을
다해도 몬 일나능 기라

이래 원통하고 절통한 일이
또 어디 있겠능교

내 태어난 지 40년 만에
개우 머시마 구경했는디
산신령님도 무심하시지
모이래 된 박 팔자가 다 있능교

할 수 없이
이누마 술 깨길 기다리다가
잠이 와가 비몽사몽 하다 보이
해가 중천잉 기라
에고 마 깜짝 놀래가 일나가꼬 보이
이누마가 없능 기라

내사마 울매 불매 산중을 다 디지봐도 엄써가꼬
실망해가 집에 와가
목매달아 디질라꼬
끈 찾느라 벽장문 열어보이
이누마 거서 디비 자고 있능 기라

그래 마 이것도 인연이다 시퍼서
정성을 다해가 간호하믄서 살다 보이
벌써 오늘이 내 환갑잉 기라

그카는데 20년 전에 술 취해가 디비 눕드이
안즉까지도 안 일나고 있으이
내 운제나 처녀 귀신 면할꼬~

조폭마누라

날씨도 꿀꿀하고
마음도 꿀꿀해가꼬
왕대포 한잔하고 있는데

몸은 물에 팅팅 불렸는지
백 키로는 족히 넘을
조폭 깍두기 자슥들이
온몸에 문신을 해가꼬
내 옆에 와가 술을 쳐묵는데

하도 시끄럽게 굴어가
소룡이 형을 부를까
성룡이 형을 부를까 하다가

에이 참자 카꼬
쥐 죽은 듯 조용히 남은 술 언능 쳐묵꼬 집에 오니

이 모꼬
마누라가 온몸에 피투성이가 된 채
쓰러져 있능 기라

내 깜짝 놀래가꼬

여보 정신 쫌 차려 보이소 카고
흔들어 깨웠더니
간신히 일나서
하는 말이

깍두기들 수백 명과
하루 종일 싸우다가 겨우 이겨서
그놈아들을 베란다에
콱 쳐 박아놨다 카능 기라

그기 몬 소리고 캐뜨만
김치 깍두기를 담느라
온몸에 깍두기 국물이 튀가꼬
온몸이 뻘개진 거라 이카능 기라

이런 문디 가시나~
낸 진짜 조폭 깍두기들이랑 싸운 줄 알고 식겁해따
아이가

주흘산 지지바

새도 넘기 힘들다 카는
문경새재에 있는
주흘산에 가면
송이버섯이 그래
많다 캐서 송이버섯을
따러 갔능 기라

그래 산속을 이리저리
헤집고 댕기매
송이버섯을 찾고 있는데
저 앞에 산삼이 보이능 기라

그래 마 속으로 심 봤다를
외치매 달리가가꼬
산삼을 캘라꼬 호미를
대는 순간 어떤 지지바가
아재요! 캐지 마소
내가 먼저 맡아논 기라요
카능 기라

내 깜짝 놀래가 앞쪽을
쳐다보니 어떤 지지바가
풀섶에 쭈그리고 앉아가 있능 기라

그래 내 처자요
내가 먼저 본 긴데
와 몬 캐게 하능교 캐떠니만

아재요
내 아재 오기 전에 볼일이 급해가
여기 앉아가 볼일을 보다가
아재보다 먼저 봤능 기라예
그라니 내꺼 아잉교 카매
벌떡 일라더니만 빤쮸도
안 올리고 달려오능 기라

그래 내 남사시러워가
눈을 가리고 서 있는 순간
비호같이 달려와가
산삼을 캐가꼬 사라지능 기라

에고 내 산삼~
나쁜 지지바
크흐흑~~

그녀를 떠나보내며

결국 그녀는 어젯밤
내가 잠든 사이에
아이 둘을 등에 업고
내 곁을 떠나버렸다

날 끔찍이도 사랑했던 여인
세상 무엇과도 바꿀 수 없다며
완강히도 버티던 그녀가
결국 가고 말았다
내 아이 둘을 데리고…

서로를 보자마자
첫눈에 반해
동거를 시작한 게
어제 같은데
벌써 많은 세월이
흘렀구나

동침한 지 불과 3일 만에
쌍둥이를 낳았던
정열적인 여인

그동안 우리가
함께 보냈던 긴 시간
자그마치 987,654초
이제 영원히 잊어주마

잘 가라 내 사랑 감기몸살 양~
얼렁 가그레이 내 아들 골 때려야~
더 이상 이 못난 애비 찾지 말그라
내 사랑하는 막내딸 콜록콜록아~

봄 처녀를 사랑한 장군님

어느 날 갑자기
장군님이 내를
찾아온기라

그래 어렵다 카는 장군 자리를
떡하이 꿰차고 와가꼬는
산천초목을 떨게 하능 기라

내도 억쑤로 떨리고
무시버서 솜이불 속에 숨어서
덜덜 떨고 있는데

갑자기 웬 가시나가 나타나가꼬
둘이 눈이 맞아가 돌아 댕기드만

가시나가 치맛자락을
살짝 올리가꼬 꿀벅지를
보여 주니까내
장군님 이놈아가 봄눈 녹듯
녹아가꼬
결국 봄 처녀 치맛자락 속으로
기어들어 가고 말았다 카는데

동장군 이놈아가
우릴 엄청시리 춥고
덜덜 떨게
그래 몬살게 굴드니만
봄 처녀 치맛자락 속에
도대체 뭐가 있길래
그래 꼼짝을 몬 하고
기어들어가 나올 줄을 모르네

내 그 치마 속이 억쑤로 궁금하다카이

나도 드디어 기네스북에 오르다

내 평생을 지각 한 번 없이
30년 직장 생활을 해가꼬
열심히 저축해가 모은 돈으로
드디어 마이카를 장만했능 기라

돈이 쪼매 모자라가꼬
오토매틱이 아닌 4단 스틱기어로 샀지만도
그기 어데고~

그래 신나게 친구도 태워주고
마누라도 태워주면서
여기저기 자랑도 하고 댕기믄서
꿈같은 나날을 보내고 있었다 아이가

그라던 어느 날
마누라가 지도 나 맹키로
폼 잡고 운전하고 댕기고 싶다 카능 기라
그래라 카고 학원 댕기게 해준 지 며칠 후
졸리가꼬 잠자리에 들어가
곤히 자고 있는데

잠결에 누군가가 내 꼬추를

부여잡고 출발 1단, 2단, 3단 카믄서
운전연습을 하고 있능 기라

그카더니 갑자기
스토옵 카믄서 내 꼬추와 함께
꼬추밭에 무성한 잔디를
부여잡고 앞으로 확 제끼뿌능 기라

갑자기 꼬추밭이
억쑤로 따갑꼬 아파가꼬 일라 보이
내 꼬추밭에 그래 무성했던 잔디가
다 뽑혀뿡 기라

억쑤로 따갑고 아파가 자다 말고 일라가꼬
사타구니를 부여잡고
병원 응급실에 달려가 치료하믄서
민둥산이 되어버린 내 꼬추밭을
되실릴 길이 없냐쏘
의사선상님께 물었드만
옆 건물로 가보라 카능 기라

그래 옆 건물에 갔드만

"부탁해요~"
캐싸면서 유명해진 영화배우가 가발을 했다는
그 가발 가게가 있능 기라

가서 자초지종을 이야기 했더니
꼬추밭에 가발을 씌워 주믄서
가발 가게 낸 지 60년 만에
꼬추밭에 가발 씌워 주기는 처음이라 카믄서
기네스북에 올려주겠다 카능 기라

내 졸지에 마누라 덕에 기네스북에 올라가게 됐으니
기뻐해야 카능 긴지 슬퍼해야 카능 긴지
참말로 얄궂데이~

이쁜이 수술 할라카모 마 울 집으로 오이소~

내 마 우짜다가
속초 낙산사라 카는 데로 마실 갔다가
의상대라 카는 정자에 앉아가
옷을 지어가 파는
이쁜 아가씨를 본 기라

한눈에 뿅 가가꼬
이래저래 물어보이
마 그 유명한
의상대사를 흠모해가꼬

의상대사의 쭝국 유학 시절에
옷을 맹기러 준 여인으로 유명한
바느질을 무지무지 잘한다꼬 소문난
선묘라 카는 쭝국 할매가 댕겼다 카는
의상대핵꾜 바느질학과를
일떵으로 졸업했는데
재봉틀이 엄써가
이레 절 가에서
옷을 맹기러 판다 그카능 기라

그래 우리 집에 재봉틀이 있으이 내 빌려주께
꼬까옷 맹기러 같이 동업하자꼬 꼬시가꼬
울 집에 데꼬와가
확 덮치가 인생동업을

시작했능 기라

그래가 한 살림 차리가꼬
맨날맨날 깨소금 찍어 묵꼬 있었는데
갑자기 재봉틀이 고장 나가 뽀사지가꼬
재봉틀 고친다꼬
머리에 이고 가가
와 여지껏 안 오고 지랄이고~
보구 시퍼 주꺼꾸마 문디 가스나

먼저는 고무줄 사러 간다꼬 가서
달포 만에 오고
언제는 단추 사러 간다꼬 나가서
슥 달 만에 오더니마

인자는 재봉틀 고치러 가가꼬
벌써 해가 바꿔따 아이가

듣자 카이
재봉틀 고치러 갔다가
재봉틀로 이쁜이 수술 해조가
돈 마이 벌었다 카는
야매의사한테
그 기술 배우고 있다 카던데
니 그기 참말이고~

가을의 향기

가을을 기다렸습니다
올가을엔 님이 올 거라
믿었습니다

그런데 가을은 님을
데리고 오지 않았습니다
가을이 데리고 온 것은
낙엽이었습니다

낙엽이 내게 말했습니다
형! 형도 낙엽이 되어
나와 같이 여기저기
그냥 굴러다니자

그러다 이쁜 가시나가 지나가면
슬쩍 치맛자락에 달라붙어 버리자
그렇게 이 가을 님을 누려보자

결국 난 낙엽이 되어 굴러다니다
예쁘고 내 맘에 쏙 드는
여자를 만났습니다

난 급히 바람에게 부탁했습니다
바람아 나 좀 빨리

저 예쁜 여자에게로
날아가게 해줘

알았어 형!
하고 바람이 급히 바람을 불게 했습니다

난 바람을 타고 날아가
사랑을 느끼며 그녀에게 안겼습니다

그 순간
그녀가 바람 소리와 함께
뽀오옹~ 하고
빵빠레를 울리며
나를 반겨 주었습니다

그리고 몸속 깊숙이 간직했던
그녀만의 향기를 내뿜었습니다

난 결국 그녀의 향기에 취해서
잠들고 말았습니다
역시 이쁜 여자는
향기도 찐하다 아이가~

잠자는 땅속의 미녀

내 오랜만에 산 좋고
물 좋은 곳으로 등산을 갔능 기라

한참을 올라가는데
인적 드문 산골짜기에서
시원한 맥주가 묵꼬 싶다 카는
이쁜 가스나 의 목소리가
들리는 듯 하능 기라

그래 내 좋은 일 함 하자 카고
소리 나는 쪽으로 가가꼬
억쑤로 시원하게
맥주를 뿌려주고 있는데

에고 뜨거버라
내한테 끓는 맥주를 디리 붓는 놈이 누구고
내 땅속에 누운 지
백 년 만에 뜨거운 맥주 맞은 처음 본다 카믄서
어떤 가스나가 소리를 지르능 기라

깜짝 놀래가 주위를 둘러보니
아무도 없능 기라
이상타 생각하믄서
밑을 보니

옥아! 내한테 침 발라노코 니 어데 간노

헉!
내 어떤 누나의 묘지 위에
서 있능 기라

그런데 갑자기 묘지 밑 땅속에서

이노무 자슥 혼내줄라 캐떠만
물건이 아주 실하네 카믄서
다음에는
그래 쪼매만 내놓지 말고 다 보여 주그라
내 감질나서 혼났다 카믄서
낄낄낄 하고 웃어 대능 기라

하이고마 혼비백산해가 도망칠라꼬 보니
잠깐 앉아 쉬면서
비몽사몽 졸매
꿈을 꾼 듯한데

그 누나가
땅속에 누워서
참말로 내 껄 본기가
디게 궁금 야릇하다카이~

열여덟 번째 사랑

무료한 나날이 지속되던
어느 여름날
열여덟 년 전에 헤어졌던
열여덟 번째 사랑을
만나러 나갔다

코카콜라 병의 몸매로
나를 사로잡았던 그녀를 상상하며
설레는 마음으로
차를 세우고 내리는 순간

코앞에
외할머니 댁 된장 항아리만큼이나
뚱뚱한 여자가
걸어오고 있었다

헉~
사세히 보니
열여덟 년 전에 헤어졌던
내 열여덟 번째 사랑이었다

빨리 도망가자 생각하고

발걸음을 돌리는 순간

옵빠야~ 내다 카며 달려오는
된장 항아리에
걸려서 결국 넘어지고 말았다
운도 지지리도 없다

그날 내 몸뚱아리는
된장 항아리에 휘둘려
만신창이가 되고 말았다
에이~ 열여덟~

11남매를 둔 아줌마와의 사랑

노총각 신세를 한탄하며
한여름 바닷가를
어슬렁어슬렁
걷고 있는데

에고 내 쫌 살려주이소
꼴까닥 꼴까닥 하고
바로 앞 해변가에서
이쁜 가시나가 물에 빠져
허우적거리능 기라

내 수영을 할 줄 몰라
궁리 끝에 입고 있던
티셔츠를 찌익 찢어가꼬
밧줄 맹길어가
가스나를 향해 집어
던졌능 기라

그카는데 줄이 짧아
딱 한 뼘이 모자라가꼬
가시나 손에 닿지를
안능 기라

그래 우짤 줄 모르고 있는데

가시나가 내보고
수영 빤쓰를 벗어서 찢어가꼬 이어서
빨리 구해달라 카능 기라

그래 내 아직 숫총각이라
부끄러버서 그래 몬 한다 캐띠이마는
옛말에
먼저 본 사람이 임자라 카니
내 당신 알몸을 봤으니
결혼해가 책임져 줄 테니까
빨리 구해달라 이카능 기라

그래 내 잘 하모 노총각 신세
면하겠다 싶어가꼬

눈 딱 감꼬 빤쓰를 벗어서
찍찍 찢어가 이어 던졌더니
가시나 앞까지 줄이 닿아가
간신히 줄을 당겨서
살아 나온 기라

가시나가 나오자마자
고맙따꼬 내를 끼안꼬
책임져 주겠다 카믄서

당장 결혼하자꼬
즈그 집으로 데려가능 기라

아이고 내 이런
횡재가 어데 있노 생각하매
좋은 일 해가 복 받는갑다
생각하매 쫄래쫄래 따라간 기라

가시나가 즈그 집이라 카믄서
앞으로 여기서 같이 살자 캐서 따라 들어갔더니

엄마야 와 이제 오노 카믄서
한살 두살 시살 니살 다섯살
등 아가 11명이나 있능 기라

내 놀래가 이 모꼬 카믄서 물어보이
첫 갤혼에 실패해가
아가 11명이라 카믄서
야들의 아버지가 되어달라 이카능 기라

으아앙~
물에 빠진 가스나 살려준 게
몬 죄라꼬
내 이런 벌을 받아야 카노
참말로 억울하다 카이~

곱창집 할매

나는 오늘도 한 잔의 술을 마시고
세상을 품어본다
어제의 술도
그 이전의 술도
세상을 품기 위한
내 고통의 날갯짓이었다

그렇게 살아온 세월의 무게가
술값으로 날아가
이제는 꺾어진 날개가 되어
날 수 없음을 한탄하며
목마름을 느낄 때

어디선가 광명의 빛이
나를 인도하기에
그 빛을 따라갔더니
거기에 술을 부대에 담아
전해주는 이가 있으니
다름 아닌 울 동네 곱창집 할매

어차피 장사가 안 돼서 남는 술
외상 줄 테니 마음껏 퍼마시라며

나를 부추긴다

결국 나는 오늘도 한 잔의 술과
인생을 논하며
구름 위를 걷고 있는데

연말이 되었으니 해 넘기지 말고
외상 술값을 갚던지
할매랑 갤혼해가 살던지 하라 카능 기라

내 안 팔리는 술 억지로 팔아 준 긴데
마흔 살짜리 숫총각이 곱창집 팔순 할매랑
갤혼하게 생기따 아이가

이 뭐꼬 흐흐흑~

추천의 글

세상에 시는 많다. 그러나 이렇게 솔직한 시는 드물다.
옵빠야! 제8탄 《옥아! 내한테 침 발라노코 니 어데 간노》는 웃기려다 울리고, 울리려다 또 웃기는 기이한 힘을 지녔다.
엘튼정의 시에는 꾸밈이 없다. 삶의 민낯, 사랑의 허기, 술잔의 진심이 그대로 배어난다.
경상도 사투리의 굵직한 호흡 속에선, 도시가 잃어버린 정(情)과 인간미가 살아 숨 쉰다.
이 시집은 고상한 척하는 문단에 대한 통쾌한 한 방이자, "사는 게 원래 이래야지"라며 어깨를 툭 쳐주는 인생의 농담집이다.
웃다가, 어느새 고개를 숙이게 된다.
그게 바로 이 시집의 진짜 힘이다.

- 머리에 꽃 꽂고 돌아다니는 여자가 강력 추천함

엘튼정은 미친놈이다.
근데, 좋은 쪽으로 미쳤다.
세상 눈치 안 보고, 자기가 느낀 대로, 사랑한 대로, 시를 막 써버린다. 그게 멋있다.
옵빠야! 제8탄 《옥아! 내한테 침 발라노코 니 어데 간노》를 읽다 보면, 웃다가 울고, 울다가 또 욕 나온다.
근데 그게 진짜 인생 아닌가.

시는 원래 이렇게 써야 한다.
어렵게 꾸며서 누가 읽겠노.
옐튼정의 시는, "니 잘났다, 나도 살아봤다" 하고 세상에 쏘아붙이는 진심이다.

- 365일 알딸딸한 고주망태가 강력 추천함

옐튼정의 시를 처음 본 날, 나는 커피를 마시다 뿜었다.
너무 웃겨서.
근데, 다 읽고 나서는 이상하게 코끝이 시렸다.
이 시집은 그냥 웃기는 책이 아니다.
어쩌면, 우리 모두의 이야기를 옐튼정만의 '삐딱한 방식'으로 대신 울어준 책이다.
"옥아!" 한마디에 담긴 절규,
"술이 나를 불렀다"는 철학,
그리고 "사랑도 개떡같이 해도 된다"는 위로.
옵빠야! 제8탄 《옥아! 내한테 침 발라노코 니 어데 간노》는 세상 체면 차리지 않는 시집이다.
그래서 더 솔직하고, 그래서 더 위로가 된다.

- 정신병원에서 탈출한 정신 나간 놈이 강력 추천함